자연의 역습, 감염병

미래생각발전소 17 자연의 역습, 감염병

초판 1쇄 발행 2020년 5월 25일
초판 11쇄 발행 2024년 12월 10일

글쓴이 김양중 | **그린이** 이경국
펴낸이 김민지 | **펴낸곳** 미래M&B
등록 1993년 1월 8일(제10-772호)
주소 04030 서울시 마포구 동교로 134(서교동 464-41) 미진빌딩 2층
전화 02-562-1800 | **팩스** 02-562-1885
전자우편 mirae@miraemnb.com | **홈페이지** www.miraei.com
블로그 blog.naver.com/miraeibooks | **인스타그램** @mirae_ibooks
ISBN 978-89-8394-885-4 74300 | ISBN 978-89-8394-550-1 (세트)

지식과 생각의 레벨업
미래생각발전소

자연의 역습, 감염병

김양중 글 | 이경국 그림

미래i아이

머리말

감염병을 일으키는 원인인 세균이나 바이러스 같은 미생물은 인류보다 더 이전부터 이 지구상에 존재했어요. 물론 개체 수로도 사람과 비교할 수 없을 정도로 많아요. 눈에 보이지도 않지만, 이 지구의 주인일 수 있어요. 그리고 어쩌면 외계인을 물리치는 주요 병력일 수도 있지요.

수많은 영화 중에 감염병을 가장 잘 다룬 영화를 꼽으라면 저는 〈우주전쟁〉을 고릅니다. 영화 내내 주인공은 다른 영화에서 그랬던 것처럼 영웅이 되어 외계인을 물리치기는커녕 도망만 다녀요. 심지어 그의 아들이 외계인과의 전쟁에 뛰어들겠다고 했을 때에도 말리기에 바빠요. 영화에서 외계인의 발달된 기술은 지구인들이 만든 핵무기로도 상대가 되지 않지요. 하지만 그 외계인들은 지구의 환경을 견디지 못하고 스스로 사멸하고 맙니다. 수십억 년을 지내 오면서 각종 세균과 바이러스 등 미생물과 균형을 이루고 있는 지구 환경에 핵무기까지 이기는 그들의 발달된 기술로도 적응하지 못해요. 영웅보다 위대한 것이 균형을 맞춘 미생물과의 공존이지요.

세균이나 바이러스의 존재를 알게 된 뒤, 사람들은 이들을 물리칠 궁리만 했어요. 항생제와 항바이러스제 그리고 소독제 등으로 이들을 박멸하겠다는 것이 목표였지요. 하지만 이들은 항바이러스제나 항생제에 내성을 보이면서 우리를 떠나지 않아요. 사실 지구의 중요한 주인 중 하나이기에 떠날 필요도 없어요.

〈우주전쟁〉에서는 이런 미생물과 공존하라고 말해요. 사람의 역사도 이들과 함께 적응하도록 진화해 왔어요. 우리 몸에 살고 있는 미생물은 우리 몸과 균형을 맞추고 함께 살고 있어요. 균형이 무너지면 세균이나 바이러스가 더 많이 번식하면서 감염병이 악화돼 우리는 자연으로 돌아가요.

물론 이 질서를 그대로 따르라는 뜻은 아니에요. 그 피해를 최소화하면서 공존의 방법을 찾아야 해요. 예방 접종과 같은 방법으로 미리미리 미생물과 친해지는 방법을 찾아야 한답니다. 또한 자연을 무분별하게 개발해 결국 새로운 미생물에 노출되는 것을 줄여야 하고요. 비행기와 같은 이동수단으로 미생물을 몇 시간 만에 전 세계로 옮기는 것 역시 어떻게 줄여야 할지 고민거리예요.

미생물을 공존해야 할 존재로 여긴다면 감염에 대한 생각은 달라져요. 미생물과의 공존이 깨진 순간 바로 감염으로 나타나지요. 인류의 오랜 역사에서 범죄로 취급당했던 감염을 보던 관점도 달라져야 해요. 감염된 이들은 인간의 자연 파괴로 인한 피해자이며 이들은 치료받을 권리가 있는 사람이에요. 공존을 깨뜨린 사람과 피해를 당하는 사람이 다르다는 점도 명심해야 해요. 감염은 미생물이나 특정한 사람을 혐오하거나 차별한다고 해결되지 않아요. 공존의 방법을 찾아야 한다는 걸 잊지 말아야 해요.

–김양중

차례

Chapter 4 우리의 일상생활을 바꾼 현대의 감염병

Chapter 5 영화 속의 감염병

Chapter 6 감염병과 인간의 미래

Chapter 1

감염병과 인간

감염병이란 무엇일까?

감염병은 세균이나 바이러스, 기생충, 곰팡이 등 병원체가 우리 몸에 들어와 여러 증상을 나타내는 상태를 말해요. 증상은 병원체가 어디에 들어왔느냐에 따라 조금씩 달라지는데, 공통된 증상은 바로 열이나 두통이에요. 호흡기 질환의 대명사인 감기에 걸려도 기침, 가래, 콧물 등이 나타나지만, 열이나 두통도 함께 생겨요. 감기는 주로 호흡기 계통의 질환을 일으키는 바이러스가 원

인이에요. 세균이 소장이나 대장에서 감염을 일으키면 즉 장염에 걸리면 배가 아프거나 설사 등이 나타나지만, 열이 함께 나타날 때가 많고 머리도 아픈 경우가 많아요.

곰팡이는 주로 피부 감염을 일으키기 때문에 열이나 두통이 생기는 경우는 별로 없어요. 하지만 곰팡이 역시 폐질환 등을 일으키면 상황은 조금 달라지지요. 기생충 감염은 아예 증상이 없는 경우가 많아요. 사람의 소장 등에 사는 회충 같은 기생충이 많이 번식하면 사람이 애써 섭취한 영양분을 이들이 빼앗아 먹기 때문에 영양 불균형 상태에 빠질 수는 있지요. 이처럼 기생충 감염의 경우 아무런 증상이 없는 경우가 대부분이어서 감염병으로 부르는 경우가 흔하지 않아요.

우리 몸에 살고 있는데 별다른 증상이 없는 경우는 기생충만 해당될까요? 그렇지 않

tip 감염병 예방법에서 정의하는 감염병

감염병 예방법은 감염병의 발생과 유행을 방지하고, 그 예방 및 관리를 위한 법률이다. 감염병 예방법은 60년 만에 개정돼 2020년부터는 감염병의 분류는 위험하고 심각한 순서로 1~4급 감염병으로 나누었다. 이를 보면 1급 감염병은 가장 심각하고 전파력이 높아 피해가 커질 수 있는 감염병으로, 에볼라, 페스트, 사스, 메르스 등이 이에 속한다. 이 감염병을 발견하면 그 즉시 보건소 등 보건 당국에 신고해야 한다. 2급은 전파 가능성을 고려해 발생 또는 유행 시 24시간 이내에 신고하고 격리가 필요한 감염병으로, 결핵, 수두, 홍역, 콜레라 등이 있다. 2급과 마찬가지로 24시간 이내에 신고해야 하지만 발생을 계속 감시할 필요가 있는 3급은 B형 간염, C형 간염, 일본뇌염, 뎅기열 등이 해당된다. 이 밖에 4급은 유행 여부를 조사하기 위해 표본 감시 활동이 필요한 감염병이다.

아요. 세균이나 바이러스도 우리 몸에 살면서 아무런 증상을 나타내지 않는 경우가 더 많아요. 대장에 대장균이 살고 있지만 아무 문제도 없는 것처럼, 우리 몸의 피부나 점막 등에는 셀 수 없이 많은 세균과 바이러스가 살고 있지만 질병을 일으키는 경우는 오히려 드물어요.

열이나 기침, 콧물, 설사, 피부 염증 등 여러 증상이 나타나기 전까지는 사실 이런 세균이나 바이러스에 관심을 가지지도 않지요. 이 때문에 감염병이라는 것은 세균이나 바이러스, 곰팡이 등이 우리 몸에 들어오거나 피부나 점막 등 외부에 살면서 각종 증상을 나타내는 단계예요. 사람들이 몹시 두려워하는 에이즈와 같은 질환도 감염병의 한 종류이기는 하지만, 이 질환을 일으키는 바이러스가 우리 몸에 들어와도 실제 증상을 보일 때까지는 10~20년 또는 그 이상의 시간이 흐르고 우리 몸의 면역력이 약해졌을 때 증상이 나타나요. 단지 병원균이 우리 몸에 있다는 것만으로는 감염병 환자로 판정하여서는 곤란하다는 뜻이에요.

감염병은 언제부터 생겨났을까?

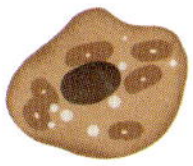

지구상에 먼저 자리를 잡은 것은 세균이나 바이러스일까요, 아니면 사람일까요? 황당한 질문 같지만 사실 지구에 생물이 살기 시작할 때에는 단세포 생물이 먼저 자리를 잡았어요. 세균이나 바이러스와 같은 미생물이 먼저 살기 시작하였다는 뜻이지요. 점차 여러 세포로 이루어진 생물들이 생겨났고, 이후 생물의 종류가 다양해지면서 현재와 같은 지구 생태계가 만들어진 것이지요.

하지만 우리 인류가 세균과 바이러스의 존재를 알게 된 것은 그리 오래되지 않았어요. 기생충은 우리 눈으로 볼 수 있고, 대변 등으로 나와서 그 존재를 오래전부터 알고 있었지만, 눈에 보이지 않는 세균의 존재는 1600년대 후반에 현미경을 발명하고 나서부터 알게 되었어요. 이후에 과학 기술이 더 발달하면서 바이러스도 알게 되었어요.

사람들 입장에서 보면 인류의 존재는 먼저 알고 세균이나 바이러스는 나중에 알게 되어서 마치 인류가 먼저인 것처럼 보이지만, 사실 순서는 반대지요. 즉 인류가 지구상에 나타나기 전부터 사실 감염병은 있었던 셈이에요. 세균이나 바이러스가 우리 사람처럼 생각을 하고 사는지

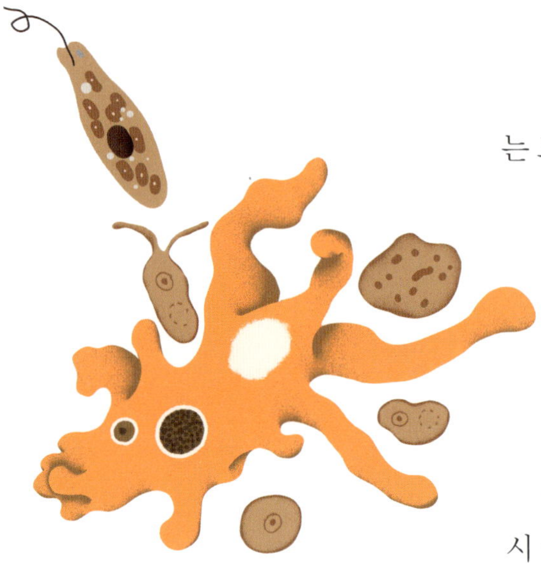

는 모르겠지만, 그들 입장에서 보면 지구에 나중에 터를 잡은 인간이 자신들을 괴롭힌다고 생각할지도 몰라요.

중요한 점 하나는 세균이나 바이러스가 사람을 죽이거나 각종 질병을 일으키기 위하여 존재하는 것은 아니라는 사실이에요. 그들 역시 종족을 번식시키는 등 지구에서 생존하려고 하는 생물일 뿐이에요. 이 미생물이 우연히라도 사람과 만났을 때 감염병이라는 문제가 생기는 것이지요. 브라질의 아마존강 유역과 같은 밀림에 살아 사람들과 전혀 만날 일이 없는 세균이나 바이러스라면 사실 존재조차 알려지지 않았을 거예요.

tip

선사 시대에도 외과 수술을 했다?

선사 시대에도 사람들은 각종 질병을 앓았다. 문자도 없고 기록이 남아 있지 않아서 당시 의료 수준을 판단하기는 어렵지만, 놀랍게도 신석기 시대에도 수술을 받은 것으로 보이는 뼈가 발견되었다. 신석기 시대 사람의 것으로 보이는 머리뼈에서 누군가 일부러 구멍을 낸 흔적을 발견한 것이다. 구멍의 모양이 원형이나 사각형 등으로 넘어지거나 돌 등에 맞은 것이 아닌 것으로 판단되었고, 구멍이 난 주변에는 딱지가 생긴 흔적이 있어 죽은 사람이 아닌 살아 있는 사람의 머리에 구멍을 낸 것으로 볼 수 있었다. 머리뼈에 구멍을 낸 뒤 뇌 조직을 건드렸는지는 현재로서는 알 수 없는데, 당시 의술로는 뇌 수술까지 하기는 힘들었을 것으로 보고 있다. 이 때문에 머리에 구멍을 뚫으면 머릿속에 들어간 악령이나 귀신 등이 밖으로 빠져나와, 두통 등 각종 뇌질환을 치료할 수 있다고 믿었던 것으로 현대인들은 추정하고 있다.

신이 내린 형벌

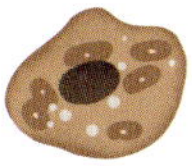 세균이나 바이러스와 같은 미생물을 전혀 몰랐을 때 감염병은 사람의 목숨을 빼앗아 가는 중대한 문제였어요. 심지어 감염병이 집단적으로 유행할 때에는 한 마을 전체가 없어지기도 하였지요. 문제는 현대처럼 세균이나 바이러스의 감염을 알아내고 이에 대처하는 항생제나 항바이러스제가 없었다는 거예요. 사실 왜 그런 질병에 걸리는지도 몰랐기 때문에 감염병은 엄청난 두려움의 대상이었지요. 누군가가 이 질병에 걸리면 연달아 다른 사람들이 감염되면서 한 사회를 위협하였기 때문에 두려워할 수밖에 없었어요.

지금도 종교는 있지만 예전에 과학이 발달하지 못했던 시절 신은 절대적이었어요. 대다수 유럽 국가에서는 기독교, 중동이나 인도에서는 이슬람이나 힌두교를 믿고 있었지요. 중국이나 일본, 그리고 우리나라는 불교나 유교에 의존하였고, 토착 신앙으로는 산신령 등을 믿기도 했어요. 이런 상황에서 감염병이 생기면 별다른 해결책이 없었기에 주로 신에게 빌었고, 죄를 지었다며 용서해 달라고 기도했지요. 감염병을 신이 내린 벌이라고 여긴 거예요. 특히 기독교에서는 예수가 사람들의 죄를 대신

하여 십자가에 못 박혀 죽음으로써 사람들을 죄에서 구원한다는 믿음이 있었기에 '신의 징벌'을 면하기 위해 교회를 찾아 열심히 기도를 했어요.

한 사례로 중세에 유럽에는 페스트라는 감염병이 크게 유행했어요. 쥐가 옮기는 감염병이었지만, 이를 잘 모르는 이들은 교회에 모여서 죄를 사하여 달라고 기도를 했어요. 그러다 보니 교회에 모인 모든 이들이 감염되는 사태가 벌어지기도 했지요. 페스트에 희생된 사람들이 엄청나게 늘어났지만, 당시 사람들은 스스로의 죄를 뉘우치는 기도가 부족하여 신

tip

의학의 아버지 히포크라테스

서양의학을 배우는 의사들은 의사 면허를 취득하거나 의과대학을 졸업하면서 히포크라테스 선서를 한다. 서양의학의 아버지 히포크라테스는 의학의 역사에서 중요한 인물로, 의사로서 갖추어야 할 자세를 말하는 '히포크라테스 선서'를 남겼다. 대표적인 내용은 양심과 위엄을 가지고 의술을 베풀고 환자의 비밀을 지키며 인종과 종교, 국적, 정파 또는 사회적 지휘를 초월하여 환자에 대한 의무를 지키겠다는 것이다.

히포크라테스는 음식의 중요성을 매우 강조했는데, '음식으로 치료하지 못하는 질병이 없다.'라는 말을 하기도 했다. 음식의 중요성을 강조하다 보니 히포크라테스는 담즙이 우리 몸의 기능이 유지되는 데에 매우 중요한 기능을 한다고 여겼다. 현대에 와서 밝혀진 담즙의 구실은 지방질의 소화를 돕고 음식에 든 세균 등을 죽이는 것 등인데, 히포크라테스는 이 담즙으로 우리 몸의 웬만한 기능들이 발휘된다고 믿었다. 그 당시 의학을 현대에 그대로 적용할 수는 없지만 히포크라테스가 남긴 의사의 윤리는 현대에서도 중요한 문구들이며, 여전히 그를 '서양의학의 아버지'라 부른다.

의 벌을 피할 수 없었다고 여겼어요. 결과는 어떻게 되었냐고요? 더 많은 희생자들을 낳았어요. 나중에는 신을 믿지 않는 사람들이 생겨났지요. 후세 역사가들은 페스트의 유행으로 교회 중심의 중세가 끝났다는 평가를 하기도 해요. 이젠 감염병을 신의 징벌로 여기지는 않지만, 종종 감염병 유행을 인류의 종말이라고 외치고 다니는 사람들을 아직도 볼 수 있어요.

마녀, 감염병으로 박해받다

옛날 서양에는 정말 지팡이를 타고 밤하늘을 날아다니는 마녀가 있었을까요? 물론 책에서는 이런 마녀가 존재하지만 그저 이야기 속 존재예요. 실제 마녀는 약을 만들고, 주술을 통해 심리적으로 사람들을 안심시키는 구실을 하였지요. 현대처럼 제약회사가 없었기에, 약은 대부분 식물의 잎이나 뿌리 등 약초를 이용하였고, 종종 동물의 뿔이나 발톱, 털 등도 활용했어요. 우리나라 사람들이 사슴뿔인 녹용을 달여 먹는 것처럼 말이에요. 사실 우리 조상들은 지네나 개구리 등 여러 동물을 약재로 활용하기도 하였지요. 예전 한약재에는 다소 혐오스럽고 무서운 곤충이나 벌레 등이 많이 포함돼 있기도 했어요. 서양의 마녀도 이런 벌레나 곤충 등을 끓여 약을 만들었다고 해요.

그럼 지팡이는 왜 필요했을까요? 과거에는 우리나라에도 꼬부랑 할머니가 많았어요. 여성들의 경우 남성들보다 뼈가 약한 데다가, 늙으면 허리를 지탱하는 척추에서 칼슘이 빠져나가요. 칼슘이 뼈를 구성하는데 이 성분이 빠져나가니 뼈가 무너져 내리고, 그러면서 척추가 앞으로 휘니까 자연스럽게 꼬부랑 할머니가 되었지요. 마녀도 사실은 나이가 들다 보니 허리가 굽고, 이 상태에서 걷기 위하여 지팡이가 필요했던 거예요. 지팡이가 걸을 수 있게 만들어 주니, 이 상황이 과장되어 꼬부랑 할머니가 지팡이를 타고 나는 것처럼 생각했을 수도 있지요.

어찌 보면 약사이기도 하고 의사이기도 하고 동시에 주술사이기도 한 마녀는 실제 감염병에 많이 걸렸을까요? 물론 그

조선의 인플루엔자

『조선왕조실록』에는 오늘날 감염병에 해당되는 단어들이 여러 개 쓰였다. 대표적으로 역병이 있고 종종 천연두를 뜻하기는 했지만 역질 역시 감염병을 통칭하는 의미로 쓰였다. 염병은 현대에서는 장티푸스에 해당되지만 이 역시 감염병을 뜻하는 단어로 쓰이기도 했다. 실록에서는 감염병에 대한 기록이 자주 등장하는데, 정치를 어지럽히다가 쫓겨나 유배돼 있던 연산군은 역질에 걸려 물도 못 마실 정도로 아팠다가 결국 사망했다. 영조 시절에도 역병이 돌아 1월부터 5월 사이 5개월 동안 모두 12만 명이 숨졌다는 기록도 남아 있다. 당시 한양의 인구가 18만 명이었으니 얼마나 많은 수가 사망했는지 알 수 있다. 역병의 정체는 기록되지 않았으나, 1월부터 유행한 것으로 보아 인플루엔자 감염을 의심할 수 있다.

런 기록이 있지는 않아요. 그런데 생각해 보면 그들이 많은 감염병에 걸리는 것은 당연한 일이에요. 왜냐하면 감염병에 걸린 환자들이 많이 찾아왔고, 그들에게서 감염병에 옮을 일이 많았던 것이지요. 현대에도 감염병에 제일 걸리기 쉬운 곳은 바로 병원이에요. 병원에는 감염병에 걸린 환자들이 많기 때문이지요. 이 때문에 의사나 간호사도 감염병에 잘 걸려요. 한때 우리나라에 크게 유행하였던 메르스(중동호흡기증후군)에도 의사나 간호사들이 많이 걸리기도 했어요. 지금 의사나 간호사는 세균과 바이러스로부터 감염되지 않도록 막아 주는 방호복이라도 챙겨 입는데, 당시에는 이런 보호장비도 없었으니 마녀는 감염병에 걸릴 가능성이 많긴 했지요. 물론 그렇다고 항상 감염병에 더 많이 걸린 것은 아니었어요.

하지만 꼬부랑 할머니가 혐오스런 곤충 등을 끓여 약을 만드니까 사람들 눈에 거슬렸던 거예요. 그래서 감염병이 나타나면 이들이 걸리지 않았어도 감염병의 주된 원인이라고 해서 화형을 시키기도 하였지요. 억울한 죽음을 당한 거예요.

중세 사회가 남성 중심의 사회다 보니 용맹하거나 영웅 같은 여성도 마녀로 몰려 화형을 당하기도 했어요. 대표적인 인물이 바로 프랑스를 구한 잔 다르크예요. 잔 다르크 역시 마녀로 몰려서 죽음을 당하였지요. 사람들에게 약을 주고 심리적인 안정을 주던 여성들이 감염병이 퍼질 때에는 그릇된 믿음으로 오히려 죽음을 당하였으니 참 슬픈 일이에요.

tip

중국의 명의 화타 이야기

화타는 한의사 중 가장 유명한 사람이다. 화타에 대한 기록은 동양에서 가장 유명한 소설로 손꼽히는 『삼국지』에 잘 나와 있다. 화타는 침과 한약을 쓰는 것은 물론 외과 수술도 곧잘 하는 것으로 나온다. 『삼국지』에서 관우가 전쟁 중에 독화살을 맞았을 때 화타가 치료를 하는데, 칼로 살을 째고 심지어는 독이 퍼진 뼈를 깎아 내기도 한다. 지금과 같은 외과 수술을 거의 1800년 전에 하였다는 뜻이다. 이 소설에서는 관우의 용맹함도 표현되는데, 화타가 마취제를 써서 마취를 한 뒤 수술을 하자고 하는데 관우가 뼈를 깎는 수술인데도 참을 수 있다며 마취를 거부한다. 이 대목에서 알 수 있는 것은 화타는 서양의학에서 1900년대에 들어와서 개발한 마취 방법도 알고 있었다는 것이다.

화타는 심지어 뇌 수술을 할 수 있는 것으로 나온다. 『삼국지』의 삼국 가운데 가장 큰 나라인 위나라를 건국한 조조가 매우 심한 두통 등을 앓고 있어 화타를 모셨는데, 이때 화타는 도끼로 머리뼈를 갈라서 수술을 하자고 한다. 현대의 수술처럼 전신 마취를 한 뒤에 머리뼈를 열고 뇌 수술을 하자고 한 것이다. 안타깝게도 조조는 화타가 자신을 죽이려 한다고 의심하고 화타를 감옥에 가둔 뒤 죽여 버리고 화타가 쓴 의학 서적마저 불태웠다. 하지만 이는 어디까지나 소설이므로 화타의 실제 의술이 얼마나 훌륭했는지 현재로서는 판단하기 어렵다.

생각발전소

전염병 대신 감염병

전염병 하면 느낌이 어때요? 몹쓸 질환에 걸린 것과 같은 느낌이 들지요? 사실 그렇지 않을 수도 있는데, 과거 오랫동안 전염병은 남에게 피해를 주는 몹쓸 질환으로 인식이 되었어요. 예를 들어 '염병할'이라는 욕도 있는데, 이 염병은 바로 장티푸스, 콜레라 등 설사나 복통이 증상으로 나타나는 대표적인 전염병이에요. 얼마나 심각하고 싫은 질병이었으면 욕에 넣었겠어요. 『조선왕조실록』과 같은 역사서에서도 이런 기록이 있어요.

당시만 해도 장티푸스와 같은 전염병의 원인이나 치료법도 몰랐고 어떻게 예방해야 하는지도 잘 몰랐어요. 그러다 보니 한 마을에 환자가 한 명 발생하면 이 환자를 돌보는 가족이나 이 가족과 접촉한 사람들이 몽땅 그 전염병에 걸렸어요. 당시로서는 해당 마을 주민들이 외부로 나가지 못하도록 격리하는 것이 주된 전염병 관리 방안이었지요. 이는 우리나라에서만 볼 수 있었던 현상은 아니에요. 유럽 등 서양에서도 마찬가지였다가, 1800년대 후반에 들어서서야 콜레라와 같은 전염병의 관리 방식을 파악하게 되었어요.

실록을 보면 또 요즘 쓰는 말로 인플루엔자 감염 질환인 독감 이야기도 나와요. 심한 독감이 유행하여 많은 사람들이 죽었다는 것이 기록에 남아 있어요. 소장이나 대장 등 소화기계 전염병이나 기침, 가래, 콧물 등을 일으키고 심한 경우 폐렴으로 사망에 이르게 하는 유행성 독감(인플루엔자)의 존재에 대해서도 알고 있었던 것이지요. 전염병의 증상이나 이 때문에 집단 사망에도 이른다는 사실은 알고 있었는데, 그 원인을 몰랐던 사람들은 해당 전염병을 두려워하게 되었어요. 신의 형벌을 받았다고 여기는 사람들도 많았고, 무엇인지는 모르지만 죄를 지어서 전염병에 걸렸다고 생각하는 사람들이 대부분이었어요. 전염병이 유행하면 신에게 제사를 지내면서 잘못을 빌기도 하였지요. 세균이나 바이러스, 곰팡이 등의 존재를 알게 된 뒤 사람들은 차차 세균 등 병원균에 감염되는 것은 환자의 잘못이 아니라는 것을 알게 되었어요. 환자들을 비난하거나 가두는 것이 아니라, 사회나 정부가 전염병이 나타나지 않도록 예방 조치를 취해야 된다는 것도 깨달았지요.

우리나라에서는 한국 전쟁 뒤 정부가 사실상 처음으로 제 모습을 갖추게 되면서 전염병 예방법도 만들어졌어요. 1950년대 초반부터 감염병 관리를 정부가 해야 한다는 인식이 생겨난 것이지요. 그러다가 2000년대 들어와서 사스나 신종 플루와 같은 감염병 사태를 거치면서 이런 질환을 앓는 환자들이 차별당하는 문제 등이 생기자 전염병이라는 말보다는 감염병을 쓰자는 논의가 활발해졌어요. 전염병과 감염병은 같은 말일 수 있지만, 법적인 용어로도 타당하고 환자를 차별하는 느낌이 덜한 감염병을 공식 용어로 쓰자는 것이지요. 또한 기생충 감염처럼 사람 사이에 전파되지 않는 경우도 있는데 전파되는 질환만을 의미하는 전염병이라는 용어를 쓰는 것은 오해를 불러일으킬 수 있었어요. 그래서 2010년 전염병이라는 용어를 전염성 질환과 비전염성 질환을 모두 포함하는 '감염병'으로 변경하기로 하고, '기생충질환 예방법'과 '전염병 예방법'을 통합해 '감염병 예방법'으로 바꾸었답니다.

Chapter 2

감염병, 세상을 뒤흔들다

예수와 한센병

질병에 걸린 사람은 어떤 잘못을 했기 때문에 병에 걸린다고 믿는 사람들이 많아요. 쉽게 말하면 어른들이 흔히 하는 말로 '천벌 받을 일'을 했다는 것이지요. 질병의 원인을 잘 몰랐던 과거에는 질병을 죄악시하는 경향이 훨씬 심했어요. 하느님을 비롯하여 신에게 잘못하였기에 질병에 걸렸다며, 사람들의 잘못을 비는 제사를 지내면서 살아 있는 사람을 죽이는 의식을 치르기도 했지요. 이때 질병에 걸린 사람들을 매우 비난하면서 다른 사람들과 만나지 못하

도록 격리하기도 했어요. 즉 감옥 등에 가두고, 이들이 감옥을 탈출하면 마치 범죄자처럼 쫓아서 잡아들이곤 했지요.

이런 사례의 대표적인 경우가 바로 한센병이에요. 과거에는 문둥병이나 천형이라고 부르기도 했고, 이후에는 나병이라고 불렀지만, 이 질병명 모두가 환자를 차별한다는 지적이 있어 이제는 이 질병을 발견한 사람의 이름을 따서 한센병으로 부르고 있어요.

한센병도 세균 감염으로 생기는 질병이에요. 특이한 점은 이 세균에 감염되어도 정작 증상이 나타나는 데에는 9개월에서 길게는 20년까지 걸려요. 이 세균 자체가 워낙에 진행 속도가 느리기 때문이에요. 이렇게 잠복기가 길다 보니 사실 어디서 감염되었는지 혹은 누구에게 감염되었는지도 잘 몰라요. 이 세균에 감염된 환자와 접촉한 뒤 증상이 금방 나타난다면, 먼저 감염된 환자에게 전파되지 않았을까 의심이라도 하였을 것인데 그럴 생각조차 못 하게 만든 거예요.

이처럼 원인 세균은 물론 세균이 있다는 것도 모르던 시절, 어떻게 전파되는지도 전혀 알 수 없는 데다가 악화되면 증상은 무서워서 한센병을 하늘이 내린 벌, 즉 '천형'이라고 불렀어요.

그럼 한센병이 악화되면 나타나는 증상을 살펴볼까요? 우선 신경 쪽에 문제가 생

기는데, 주로 팔이나 다리의 감각이 사라져요. 팔다리 근육도 잘 움직이지 못하는 증상이 나타나기도 하지요.

손가락 등 우리가 쉽게 볼 수 있는 곳의 변형도 잘 나타나는데, 이게 사람들에게는 큰 두려움을 줘요. 이 세균이 가장 흔히 침범하는 곳이 바로 팔꿈치와 손가락인데, 손가락의 경우 4번째나 5번째 손가락이 마치 갈퀴처럼 변하게 돼요. 이 질병에 대하여 잘 모르던 시절에는 이른바 '마귀'처럼 손가락이 변하게 되니까 두려워하는 것이 당연하였을 수도 있어요. 여기에서 더 진행되면 손목이나 발목이 처지기도 하고, 손발에 감각이 없다 보니 외상을 입기도 쉬워요. 최악의 경우에는 외상을 입은 곳에 또 다른 세균이 번식하게 되고, 손가락이나 발가락의 끝부분이 떨어져 나가기도 해요. 손가락은 갈퀴처럼 변한 상태에서 발목까지 제대로 기능하지 못해 지팡이를 짚고 다니니 여지없이 '마귀 할머니'의 모습이지요? 한센병이 더 심해져 눈을 침범하면 안구가 밖으로 점점 나와 눈을 감아도 안구 전체를 덮지 못하게 되어 나중에는 아예 실명하기도 해요.

이 무서운 질환을 낫게 하였다는 기록은 성경책에 나와요. 바로 하느님의 아들 예수가 기적을 발휘하여 이 질병에 걸린 환자들을 낫게 하였다는 것이지요. 당시에는 질병의 원인도 몰랐고, 알았다고 하더라도 치료할 수 있는 약도 없었는데 예수가 이런 질환을 치료했으니 기적이라고 할 수밖에 없었던 거예요.

요즈음은 이 질환에 대한 원인도 알고 치료법도 있어서 더 이상 마귀로 여기거나, 사회에서 격리하여야 하는 것으로 여기지는 않게 되었어요. 질병에 걸린 사람을 치료해 주지는 못할 망정, 질병에 걸렸다고 비난

tip

한센병 환자들의 섬, 소록도

전남 고흥군에 있는 소록도라는 섬에는 한센병 환자들을 치료하기 위한 병원이 있다. 일제 강점기인 1916년에 설립되었는데, 당시 문둥병 또는 나병이라고 불렀던 한센병 환자들을 사회로부터 격리하기 위하여 이 병원을 세웠다고 한다. 지금은 이 섬과 육지가 다리로 연결되어 있어 과거보다 쉽게 갈 수 있지만, 처음 설립 당시만 하더라도 배가 아니면 수영을 해야만 갈 수 있었다. 손발 등에 변형이 나타났거나 중증 한센병을 앓은 환자들이 이 섬을 빠져나가는 것은 거의 불가능했고, 이 때문에 다른 사람들과의 접촉을 피하기에는 좋은 조건이었다. 나중에 밝혀진 바로는 이 병원은 처음 설립될 때부터 치료보다는 강제 수용이 목적이었다고 한다. 그러다 보니 환자들의 인권이 잘 지켜지지 않았다. 강제로 일을 시킨 사례는 셀 수 없이 많았고, 심지어는 아이를 낳지 못하도록 불임 시술을 하였다는 기록도 있다. 한센병 환자들이 낳은 아이가 유전적으로 한센병에 걸리는 것으로도 생각을 한 것이다. 이후 소록도 병원은 1960년 7월에 국립소록도 병원으로 개편되었고, 현재는 한센병 환자를 진료하고 이들에게 더 나은 치료법을 제공하기 위한 연구도 담당하고 있다.

또한 이 소록도 병원에서 환자들을 위해 자신의 인생을 바친 수녀들이 있어서 화제가 되기도 했는데 마리안 스퇴거 수녀와 마가렛 피사렉 수녀는 무려 43년 동안 소록도에서 한센인들을 돌봤다. 이들은 20대였던 1960년대 초반에 소록도 병원 환자를 돌보기 위해 5년간 파견되었지만, 40년 넘게 환자들과 같이 지내다가 70대의 나이에 고국으로 돌아갔다. 그 후, 소록도 병원 100주년에 초대되어 당시 80대의 나이에 소록도 병원을 다시 찾기도 했다.

하거나 이른바 '왕따'를 시키거나 가두어 두는 것은 잘못된 거예요. 앞으로 만나게 되는 다른 새로운 질환도 마찬가지겠지요? 환자는 아파서 치료받아야 할 사람이지, 마귀 등으로 몰려 사회적 차별을 당해야 할 사람들은 아니에요.

신의 저주, 페스트

페스트 혹은 흑사병을 들어 본 친구가 있을지 모르겠네요. 우리나라는 물론 전 세계적으로도 요즘에는 거의 보기 힘든 페스트는 세균 감염 질환인데, 주로 쥐의 몸에 기생하는 벼룩들이 사람을 물었을 때 걸릴 수 있어요. 원래는 쥐가 걸리는 질병인데, 쥐에 달라붙어 피를 빨아 먹는 벼룩이 페스트균에 감염된 쥐의 피를 먹다가 감염되고 이 벼룩이 사람을 물었을 때 감염되지요. 쥐 벼룩에 물려 페스트균에 감염되면 7~10일가량 지난 뒤 두통, 고열, 기침 등이 나타나고 몸의 림프절 여러 곳이 부어요. 심하면 피를 토하기도 하였고, 나중에는 환자들의 피부가 검은색으로 변해요. 그래서 '검은 죽음의 병'이라는 뜻으로 흑사병으로 불렀어요.

중세 유럽에서는 이 페스트가 대규모로 유행하였고, 그 결과 엄청난 수의 사람들이 죽었어요. 당시 유럽에서는 세 명 가운데 한 명이 이 흑사병으로 숨졌다고 해요. 당시에는 아직 세균의 존재도 몰랐고, 쥐의 벼룩이 물어서 걸리는 질환인지도 몰랐어요.

페스트가 유행하던 유럽의 중세 시대에 대하여 많은 역사가들은 암흑의 시대로 불러요. 기독교가 세상을 지배하였고 물리나 생물, 지구과학 등 일반 과학이나 역사나 철학 등 사회 분야 학문들이 모두 잠자던 시대예요. 흑사병으로 약 3천만 명이 죽었지만 사람들은 이 질병의 원인을 찾고 예방법을 알아내기보다는 종교에 의지했어요. 교회에 몰려들어 신에게 잘못을 비는 사람들도 많았고 쥐에 살고 있는 벼룩을 옮겨서 더 많은 사람들이 감염되기도 했어요. 신의 벌로 생긴 질병이라고 여긴 일부 사람들은 스스로가 벌을 받겠다고 하여 채찍을 들고 돌아다니면서 자신의 몸을 후려치기도 했어요.

유럽을 휩쓸었던 페스트 유행은 수천만 명을 희생시켰지만 유럽 사회를 크게 변화시킨 원동력이기도 해요. 우선 아무리 교회를 찾아 기도를 하여도 이 질병이 낫지 않고 오히려 확산되자 종교에 대한 사람들의 믿음이 약해졌지요. 신부나 수녀 등 성직자나 신학자와 같은 종교 종사자들이 가진 권력이 약해진 거예요.

당시 유럽에도 의사가 있었는데, 조선 시대 한의사처럼 이들도 약초 등으로 페스트를 치료했어요. 이들은 마스크를 쓰고 꼭 우의처럼 생긴 긴 옷을 입고 다녔는데, 그 모습이 너무나도 이상하였기 때문에 중세를 그린 그림에서도 많이 찾아볼 수 있어요. 이들은 약초 등으로 흑사병 환자를 치료하였지요. 치료 효과가 좋았는지는 알 수 없지만, 적어도 교회에 모여서 기도하는 것보다는 나았다고 사람들은 판단했어요. 이 때문에 페스트 유행이 끝난 뒤 종교보다는 의학과 과학의 중요성을 깨닫고 이 분야에서 많은 연구를 하게 되지요. 그래서 르네상스 시대, 즉 다시 학문의 중요성이 부각되는 시대가 시작돼요.

의식주 등 경제 활동에도 페스트 유행은 큰 영향을 미쳤어요. 너무 많은 사람이 죽다 보니 노동력이 크게 부족해진 것이지요. 이 덕분에 사람의 노동력을 대체할 수 있는 여러 기구들을 발명하게 되었고, 이 역시 르네상스 시대를 여는 원동력이 되었어요. 일을 할 수 있는 사람이 귀해지니 자연스럽게 노동력에 대한 보상이 커지기도 했어요. 페스트 유행 시기만 하더라도 봉건 시대여서 땅을 많이 소유한 영주에게 소작농으로 얽매여 살았는데, 농사일에 대한 보상이 커지니 점차 소작농에서 벗어날 수 있게 된 거예요. 페스트 유행은 봉건제 사회에서 근대 사회로 전환되는 계기까지 만든 셈이지요.

페스트 유행 뒤 만들어진 제도 가운데 지금까지 유지되는 것도 있어요. 바로 격리예요. 격리는 감염이 되었거나 감염이 의심되는 경우 특정한 공간에 머물게 해 다른 사람과의 접촉을 막는 것을 말해요. 페스트가 유행할 당시 이탈리아에서는 항구에 배가 들어오면 40일 동안 사람들을 내리지 못하게 했어요. 40일 동안 관찰한 뒤 아무도 페스트에 걸리지 않았다는 사실을 확인하여야 배에 탄 사람들이 내릴 수 있었지요. 이 40이라는 숫자가 당시 이탈리아 말로 '콰란타(quaranta)'인데, 이후 영어로는 '쿼런틴(quarantine)'으로 쓰였어요. 지금도 메르스와 같은 감염병이 의심되면 격리를 하는데, 영어로는 이를 쿼런틴으로 부르지요. 페스트가 바꿔 놓은 세상에 살고 있으니, 감염병이 역사를 바꿀 수 있다는 사실에도 주의를 기울여야겠지요?

아스테카와 잉카 제국을 멸망시킨 천연두

요즘의 유럽은 오랜 역사와 전통을 자랑하면서도 동시에 공업과 과학 기술이 크게 발전한 나라들로 꼽히지만, 산업혁명이 있기 전에는 목축과 농업에 종사했어요. 프랑스와 독일은 물론 유럽

대다수 나라들이 산보다는 넓은 잔디밭이 있었기 때문이에요. 이런 잔디밭에서 요즘은 축구를 하지만 과거에는 소와 양, 말 등 목동들이 기르던 동물들이 뛰어다녔지요.

우리나라나 일본, 중국, 동남아시아 등 쌀을 주식으로 하는 나라들의 경우 소를 주로 농사에 이용했어요. 논에 물을 들여 모내기를 할 수 있게 논바닥을 갈거나, 밭에 갖가지 농산물을 심기 위하여 밭고랑을 만들 때에도 소를 이용하였지요. 이 때문에 대규모로 소를 키우는 경우는 찾기 쉽지 않았고, 대부분 농사일에 쓸 소를 각

자의 집에서 한두 마리씩 키웠던 거예요.

하지만 유럽은 목축을 목적으로 소를 키웠고, 여기에서 우유와 고기를 생산하여 이를 먹었어요. 우유와 치즈 등이 친숙한 음식인 셈이지요. 『플랜더스의 개』라는 책에서도 우유 배달부라는 직업이 있었을 정도로 소와 우유 그리고 우유로 만드는 제품은 그들에게 친숙하였지요.

그런데 소라는 동물이 우두, 사람으로 치면 천연두와 같은 질병에 감염되어서 죽기도 하고, 몸 곳곳에 고름이 생기기도 했어요. 소의 젖을 짜다가 또는 소를 기르면서 우두에 걸린 소의 고름을 만진 사람은 의도하지 않게 천연두 바이러스에 대한 면역력을 가지게 되었어요. 우두를 일으키는 바이러스가 천연두 바이러스와 거의 같았던 거예요. 천연두에 걸려 사망하는 사람들이 많았지만, 목축업에 종사하는 사람 중 우두 고름에 접촉한 이는 천연두에 걸리지 않기도 했어요.

이탈리아 탐험가 콜럼버스와 그 일행은 인도를 찾아다니다 아메리카 대륙에 도착하였고, 이후 수많은 유럽인들이 제2의 인생을 꿈꾸면서 아메리카 대륙으로 몰려들었어요. 숨겨진 황금을 찾기 위하여 아마존 강을 헤매기도 했어요. 물론 아메리카 대륙에는 원래 살고 있는 원주민들이 있었어요. 아스테카 문명이나 잉카 문명 등이 발전된 수학 및 과학 그리고 문화 등을 향유하면서 살고 있었지요. 유럽 사람들은 이들을 인디언이라고 불렀지만, 원래 이들은 유럽인들이 아메리카 대륙을 찾기 수천 년 전부터 아메리카 대륙에서 살고 있었어요.

원주민들이 가꾸어 놓은 것들을 유럽인들이 빼앗는 과정에서 자연스럽게 두 집단은 전투를 할 수밖에 없었어요. 유럽인들은 총을 가지고 있어

전쟁에서 유리했지만, 잉카 문명과 같이 왕국을 건설하여 인구가 많았던 원주민들을 이기기는 쉽지 않았어요.

하지만 전쟁의 양상은 실제 총칼과 같은 전쟁 무기에서 결정된 것이 아니라, 아메리카 대륙으로 넘어온 유럽인들이 가져온 천연두와 매독 등 각종 감염병 때문에 결판이 난 것으로 현대의 역사가들은 평가하고 있어요. 천연두 바이러스 등에 많이 접촉하여 어느 정도 면역력을 가지고 있었던 유럽인들과는 달리 원주민들은 천연두 바이러스에 면역력이 전혀 없었던 거예요. 결국 전쟁을 해보기도 전에 감염병으로 무너지면서 찬란했던 잉카 문명이나 아스테카 문명이 유럽인들에게 짓밟혀 사라진 셈이지요.

tip

백신의 유래는 암소?

백신을 우리나라 말로 착각하는 사람이 종종 있는데 사실 백신은 영어이다. 백신(Vaccine)의 유래는 암소를 뜻하는 라틴어 '바카'(Vacca)이다. 백신이 처음 만들어진 것이 바로 암소와 관련이 있기 때문이다. 암소가 우두에 걸려 젖이나 피부 등에 고름이 생긴 것을 젖을 짜던 사람들이 만진 뒤 천연두에 걸리지 않게 된 것이 백신의 유래이다. 현대의 백신은 고름을 직접 쓰지는 않지만 여전히 세균이나 바이러스의 시체 또는 거의 시체와 마찬가지로 약하게 만든 것을 주사하는 방식이어서 백신의 원리는 그대로 이용되는 셈이다.

나폴레옹을 좌절시킨 발진 티푸스

프랑스의 전쟁 영웅 하면 나폴레옹이 전 세계적으로 가장 많이 알려져 있을 거예요. 나폴레옹은 프랑스의 영토를 크게 넓힌 왕인데, 나폴레옹의 몰락은 러시아와의 전쟁에서 패배하면서 시작되었어요. 세계를 재패할 수 있는 군사력과 용맹함을 갖춘 프랑스 군을 러시아는 어떻게 이길 수 있었을까요? 당시 러시아 군은 프랑스 군보다 숫자는 물론 전투 경험이 적어 객관적으로 보면 프랑스 군의 무난한 승리가 예상되었지요.

러시아 군은 프랑스 군을 맞아 6개월 동안 싸웠는데, 싸웠다고 하기보다는 그냥 버티고 있었던 거였어요. 보통 군대가 전쟁이 아닌 다른 원인으로 무너진다면 그것은 대부분 식량 부족 문제가 가장 컸는데, 프랑스 군은 6개월 동안 전쟁이나 식량 부족으로 진 것이 아니라 질병으로 쓰러진 거예요. 프랑스가 침공한 러시아 땅(현재는 폴란드 땅)에서는 발진 티푸스라는 질병이 크게 유행 중이었거든요.

발진 티푸스는 리케차라는 세균에 감염되어 고열 등이 나타나는 질환이에요. 지금은 항생제로 치료를 할 수 있는데, 당시만 해도 치료제가 없었어요. 이 질환은 사람의 피를 빨아먹고 사는 이가 옮겨요. 우선 발진 티푸스에 감염된 이가 사람을 물면 가려움을 느끼고 피부를 긁게 되고, 긁은 곳에 상처가 나면 이 안에 있던 발진 티푸스균들이 상처를 통하여 우리 몸 안으로 들어와요. 균이 몸 안에 들어와 번식을 한 뒤 10~14일 가량이 지나면 고열과 두통이 나타나고, 온몸이 떨리는 오한과 구토, 전신 근육통 등이 함께 나타나지요. 심한 경우 폐에도 염증을 일으켜 폐렴이 생기고, 결국 사망에 이를 수 있어요. 보통 면역력이 약한 노약자, 즉 어린이와 노인이 더 치명적이에요.

군인은 노약자는 아니지만, 전쟁을 하는 동안 전쟁에 대한 공포와 스트레스, 수면 부족 등으로 면역력이 크게 떨어졌기 때문에 발진 티푸스로 많이 사망했어요. 게다가 함께 생활하기 때문에 이가 옮기기 쉬운 환경이었지요. 수십만 명의 젊은 군인들이 발진 티푸스로 숨진 것, 그 자체가 전쟁이 가져다준 비극인 셈이에요. 우리가 전쟁을 반대하여야 하는 이유이기도 하지요.

이런 사실을 파악한 나라들은 2차 세계대전 때 발진 티푸스 리케차를 적진에 뿌리는 방식으로 세균전을 계획하기도 해요. 히틀러를 중심으로 한 나치 세력에 포섭된 독일이 이런 세균전에 대비해 생물학적 무기를 만들려고 하였지요. 정작 이 세균전은 1950년 6월 발발한 한국 전쟁에서 쓰인 것으로 알려져 있어요. 미국이 발진 티푸스 등을 일으키는 벼룩과 이를 비행기를 통해 뿌렸다는 것이지요. 역시 전쟁은 사람의 생명은 물론

일본과 독일의 세균전과 인체 실험

제2차 세계대전 중에 독일과 일본은 그들에게 패전한 나라의 주민들과 전쟁 포로를 대상으로 강제로 인체 실험을 했다. 독일은 아우슈비츠 등 유럽의 곳곳에서 유대인을 실험이나 노역에 동원한 뒤 이후 독가스로 학살했다. 일본은 중국의 만주 지역에 731부대를 배치해 수천 명의 전쟁 포로를 대상으로 인체 실험을 했다. 이 실험 가운데 무서운 대목은 콜레라나 페스트를 일으키는 세균 등을 전쟁에 이용하는 '세균전'을 계획하면서 콜레라나 페스트균을 사람들에게 직접 주입하기도 했다는 것이다.

전쟁에 패한 뒤 독일 의사들은 2012년 뉘른베르크 선언을 하면서 전쟁 중에 벌어진 인체 실험에 대한 반성과 재발 방지의 뜻을 보였다. 하지만 일본은 전쟁에 패한 뒤에는 이를 은폐하기에 바빴으며, 현재까지도 이에 대해 별다른 반성이 없다. 최근 일본에서는 몇몇 의사들을 중심으로 731부대의 인체 실험을 기록하고 반성하는 움직임이 일고 있기는 하다.

인성을 말살시키는 거예요.

도시에 살면 이를 찾아보기는 쉽지 않지만, 발진 티푸스의 예방책은 이와 벼룩 등이 우리 몸에 달라붙지 못하도록 하는 거예요. 혹시 시골에 놀러 갔을 때에는 긴 옷을 입고, 풀밭에 함부로 들어가지 말고, 귀가한 뒤에는 옷을 잘 털어 세탁하고, 곧바로 샤워를 하도록 해야 해요.

인류 최대의 재앙, 스페인 독감

독감이라는 단어를 들으면 대부분 '독한 감기'를 떠올려요. 감기 중에 증상이 심한 감기로 생각한다는 거지요. 감기는 사람이 걸리는 가장 흔한 질환이라 누구나 한번쯤 걸려 보았을 거예요. 과거에는 감기로 병원을 찾으면 항생제나 진통제 주사를 놓고는 하였는데, 지금은 대부분 먹는 약을 처방해요. 감기 증상은 두통이나 목구멍의 통증, 콧물, 기침, 가래 등이 주로 나타나요. 일주일 정도 지나면 낫는데, 사람에 따라서는 열흘이나 2주 동안 증상이 나타나기도 해요.

그럼 독감은 뭐냐고요? 사실 증상이 감기보다 심하게 나타나는 것도 맞고, 이 병에 걸려 사망하는 사람도 일반 감기보다 훨씬 많으니 독한 감기라고 해도 틀리지는 않아요. 다만 감기를 일으키는 바이러스 및 세균과 유행성 독감의 원인 바이러스는 다른 종류예요. 유행성 독감의 원인은 인플루엔자 바이러스예요. 아마 텔레비전 뉴스 등에서 요즘은 에이아이(AI, Avian Influenza)라고 부르는 조류 인플루엔자 뉴스를 보았을 거예요. AI 하면 주로 인공지능을 떠올리지만, 가축 사육이나 질병 관리 분야에서는 조류 인플루엔자를 말하지요.

그럼 새도 인플루엔자에 감염되냐고요? 물론이지요. 농가에서 기르는 닭이나 오리는 물론이고, 추운 지방에서 겨울을 나기 위하여 우리나라를 찾는 철새들도 인플루엔자에 감염될 수 있어요. 닭이나 오리의 경우 인플루엔자에 감염되면 많이 죽을뿐더러 옆의 닭이나 오리까지 감염시키므로 인플루엔자 바이러스가 검출된 농장은 같이 기르던 닭이나 오리를 폐사시키기도 하지요.

닭이나 오리 등 조류뿐만 아니라 돼지도 이 인플루엔자에 감염될 수 있어요. 원래는 바이러스도 기생충처럼 자신이 좋아하는 서식지, 즉 자신이 살기 좋은 동물이 따로 있는데, 이 인플루엔자는 그런 동물이 많은 셈이에요. 닭이나 오리에서 살던 인플루엔자 바이러스가 돼지나 사람에게 옮겨 오기도 하는데, 이때 사람은 치명상을 입게 돼요. 평소 우리 몸의 면역계가 만나 보지 못했던 새로운 종류가 침입하다 보니, 제대로 방어를 할 수 없는 탓이에요. 만약 이 인플루엔자 바이러스가 치명적이면서도 사람 사이에 감염이 잘 전파된다면 이는 엄청난 사상자를 양산하지요.

이런 사태가 인류의 역사에서 몇 차례 나타나는데, 그 대표적인 사례가 바로 1918년 발생한 스페인 독감이에요. 스페인에서부터 시작되었다는 근거는 명확하지 않은데, 대체로 유럽에서부터 나타났고 초기에 스페인 지역에서 크게 유행한 것으로 추정하고 있어요. 아무튼 이 스페인 독감이 유행하면서 전 세계적으로 5천만 명 이상 숨진 것으로 알려져 있어요. 어마어마한 숫자지요. 1,2차 세계대전으로 숨진 것보다 훨씬 많은 사람들이 스페인 독감으로 사망한 거예요. 이 스페인 독감은 유럽에서 미국으로, 유럽에서 아시아로 옮겨 가는데, 우리나라나 당시 우리나라를 지배했

던 일본에서도 피해가 컸어요. 일제 강점기 국내 언론에도 독감이 소개되고, 당시 추정으로 14만여 명이 숨졌다고 나오기도 해요. 중세 시대의 끝을 고하게 만들었던 페스트와 함께 스페인 독감은 인류의 가장 큰 재앙으로 기록되고 있는 감염병이에요. 현대 사회에서도 감염병이 얼마나 무서운지를 보여 주었던 거지요. 이후에도 유행성 독감, 즉 인플루엔자 가운데 새로운 종류가 나타나면 항상 스페인 독감 사례가 나오면서 많은 사람들이 겁을 내게 되었어요. 하지만 그 이후로는 이와 같은 엄청난 피해를 입힌 인플루엔자 유행은 나타나지 않고 있어요. 다만 언제든 다시 나타날 수 있기 때문에 철저한 대비를 하여야겠지요. 다행히도 요즘은 인플루엔자 예방 접종과 초기에 대처할 수 있는 치료제도 나와 있어서 스페인 독감과 같은 사태는 나타나지 않을 것이라는 조심스런 예측도 하고 있지요.

tip

인슐린의 발견

코로나19와 같은 감염병이 유행하면 가장 조심해야 할 사람들이 있다. 바로 당뇨 등 만성 질환을 앓고 있는 이들이다. 이들은 감염도 잘되지만 감염 합병증으로 사망할 위험도 크다. 당뇨는 핏속의 당분 성분이 지나치게 높은 상태를 말하는데, 당분은 필수 영양소이지만 핏속에 당분 성분이 지나치게 많으면 심장 질환이나 뇌졸중, 시력 상실, 발가락이 썩는 당뇨 발 등과 같은 심각한 당뇨 합병증을 초래한다. 이를 조절해 줄 수 있는 것이 바로 인슐린이다. 인슐린은 핏속 당분 농도를 일정하게 유지하기 위해 꼭 필요한 호르몬으로, 췌장에서 분비된다. 1921년 몇몇 의학자들이 핏속의 당분 농도를 조절하는 호르몬을 추출하는 데 성공했고, 캐나다의 내과의사인 프레더릭 밴팅과 영국의 생리학자인 존 매클라우드는 인슐린을 발견한 공로로 1923년 노벨 생리의학상을 수상했다.

생각발전소

'글쟁이들의 직업병'이라고 불린 결핵

결핵은 주로 폐에 결핵균이 들어와 감염을 일으켜 생기는 질환으로, 폐뿐 아니라 뼈나 관절, 뇌 등 신체의 다른 부위에도 침투해 해당 부위에 염증을 일으킬 수 있어요. 하지만 결핵균이 들어와 있다고 해서 바로 결핵이 나타나는 것은 아니에요. 우리 몸의 면역력이 떨어져 결핵균이 매우 많이 번식하기 전에는 별문제를 일으키지 않아요. 실제로 우리 국민 3명 가운데 1명 정도가 결핵균을 가지고 있지만 평소에 아무런 지장 없이 건강하게 살고 있다는 조사 결과도 있지요. 결핵균이라는 무서운 세균이 우리 몸에 침투했는데도 아무런 증상이 없는 거예요. 대장균이 우리 몸의 대장에 살고 있지만 면역력이 있기 때문에 대장균과 균형을 이루면서 서로 별 탈 없이 살고 있는 것과 비슷한 원리예요.

하지만 과로나 심한 스트레스, 다른 만성질환 등 면역력을 떨어뜨릴 수 있는 상황에 빠지면 우리 몸에 들어온 결핵균이 번식하면서 결핵 증상이 나타나게 돼요. 감기보다 훨씬 오래 기침을 하거나 별다른 이유 없이 몸무게가 크게 줄어든다면 결핵을 생각해 볼 수 있어요. 채소나 과일, 단백질과 탄수화물, 지방질 등 골고루 섭취하면서 규칙적으로 운동하는 등 평소 건강관리를 잘해야 결핵균으로부터의 피해를 줄일 수 있어요. 다행히 결핵은 예방 접종이 나와 있어요. 흔히 비시지(BCG) 접종이라고 부르는데, 태어난 지 한 달 안에 BCG 접종을 받도록 하고 있어요. 요즘은 아기가 태어난 병원에서 대부분 예방 접종을 받고 나와요. 하지만 예방 접종은 결핵에 걸릴 가능성을 낮출 뿐 완전히 막지는 못한답니다. 면역력이 약해지면 결핵에 걸릴 수 있어요.

그럼 어떤 사람들이 결핵 증상을 겪게 될까요? 결핵균이 활발하게 증식할 수 있는 상황, 즉 면역력이 약해진 경우지요. 노인이나 임신부, 어린아이들, 다이어트를 심하게 하거나 공부에 시달리는 학생들이 대표적으로 면역력이 약해지는 사례예요. 게다가 학생들은 단체 생활을 하다 보니 결핵균을 가진 사람들과 접촉할 기회도 많아요.

이런 결핵은 시인이나 소설가, 화가 등 문학과 예술에 종사하는 이들의 질병이라는 이야기도 있었어요. 실제 유명한 소설가나 시인, 화가 중에서 결핵에 걸린 이들이 적지 않았어요. 이들 역시 면역력이 떨어지기 좋은 조건에 살고 있었기 때문이에요. 대부분 젊은 시절에는 소득이 많지 않아 영양이 골고루 담긴 식사를 하기 힘들었고, 담배나 술에 빠져 살면서 면역력이 크게 떨어졌지요. 물론 창작 작업이라 스트레스도 많았어요.

결핵에 걸린 유명인들은 대표적으로 국내에서는 소설가 김유정이나 이상을 꼽을 수 있고, 해외에서는 작가 도스토예프스키, 음악가 쇼팽, 철학자 데카르트를 비롯해 매우 많았어요. 또 결핵을 앓은 인물들이 등장하는 오페라, 소설 등도 많이 나왔어요. 예를 들면 시골 소년과 소녀의 사랑과 우정을 담아 교과서에 곧잘 소개되는 단편소설『소나기』에서도 소녀가 결핵에 걸려 죽게 돼요.『레미제라블』에서도 주인공 장발장이 돌보는 코제트의 생모인 팡틴도 결핵에 걸려 사망했어요. 소설가나 예술가가 결핵을 많이 앓기도 했지만, 당시의 주된 사망 원인이 감염병이었고 그 가운데에서도 원인이 밝혀진 질환이 바로 결핵이었기 때문에 주인공의 사망 원인을 결핵으로 묘사했다는 이야기도 있어요. 즉 결핵을 제대로 치료하지 못했던 한 시대상을 반영한 거예요.

Chapter 3

의학의 발전으로 감염병의 원인이 밝혀지다

미생물의 존재를 깨닫게 한 현미경의 발명

세균이나 세포의 크기는 매우 작아서 맨눈으로는 볼 수가 없어요. 이 때문에 현미경이 발명되기 전까지 사람들은 세포나 미생물의 존재를 아예 몰랐지요. 예를 들어 파리가 낳은 알을 구별할 수 없었기에 똥에서 구더기가 생기면 구더기는 똥에서 저절로 생겨난다고 보았어요. 파리가 알을 낳았다고 생각하는 것이 현대의 상식이라면, 과거에는 애초에 그런 생각을 못 한 거예요.

그러다가 약 350년 전인 1670년대에 안톤 판 레이우엔훅이 현미경을 개발했어요. 그는 안경 알, 즉 렌즈를 만드는 렌즈 기술자였는데, 볼록 렌즈나 오목 렌즈 등을 함께 쓰면서 여러 렌즈를 조합해 매우 작은 물체도 볼 수 있는 현미경을 개발한 거예요. 이 현미경으로 식물이나 동물의 세포를 처음 발견했어요. 물론 세포와 비슷한 크기인 여러 미생물도 찾아내었지요.

처음에는 현미경으로 식물이나 동물의 세포, 또는 미생물을 보여 주어도 사람들이 믿지 않았어요. 마치 라디오를 처음 본 사람들이 라디오라는 상자 안에 매우 작은 사람이 들어가서 목소리를 낸다고 여긴 것처럼 말이에요. 레이우엔훅은 현미경으로 본 세포와 미생물을 10여 년 동안 그려서 사람들에게 보여 주었어요. 이 그림들 덕분에 그가 현미경을 이용하여 세포와 미생물을 발견한 최초의 과학자로 인정을 받았지요.

현미경은 세균이 사람들에게 어떤 영향을 끼치는지에 대하여 연구하는 데 필수적인 도구가 되었어요. 이후 많은 의학자나 과학자들은 현미경을 이용하여 세균의 정체를 밝혀내었지요. 나중에는 이 세균들이 질병을 일으킨다는 사실도 발견하게 되었어요. 이전까지 질병의 원인이 무엇인지 잘 몰랐는데 현미경의 발명으로 질병의 원인체 중 하나가 바로 세균이라는 것을 알게 됐어요. 이후 이른바 세균학, 지금은 미생물학이라고 부르는 학문이 눈부시게 발전하였지요.

독일의 과학자이자 의학자였던 로베르트 코흐는 특정 세균을 기르는 방법을 알아내었어요. 나중에는 세균이 질병을 일으키려면 질병이 생긴 장소에서 세균이 채취되어야 하며, 채취된 세균을 길러 비슷한 곳에서 자라게 하면 같은 질병이 생긴다는 사실도 발견하였지요. 이를 통하여 감염병의 원인이 세균이라는 것도 알게 되

었고, 감염병을 증명하는 방법도 어떤 세균이 감염병이 생긴 장소에서 발견되어야 하고, 이 세균을 채취하여 다른 동물이나 사람에게 옮겼을 때 똑같은 질병이 생기면 해당 세균이 질병의 원인이라고 증명된다는 원칙도 세울 수 있게 되었어요.

여기에서 더 나아가 특정 염색약을 써서 세균을 염색시키는 방법도 개발했어요. 이전까지는 세균의 모양에 따라 세균을 구별하였는데, 염색약에 염색이 되느냐 등이 세균 구별의 중요한 방법이 되었지요. 이 모든 발전은 현미경의 발명 덕분이니, 의학사에서 현미경의 발명은 항상 빠지지 않는 중요한 사건으로 기록되고 있어요.

우리 몸에도 살고 있는 세균

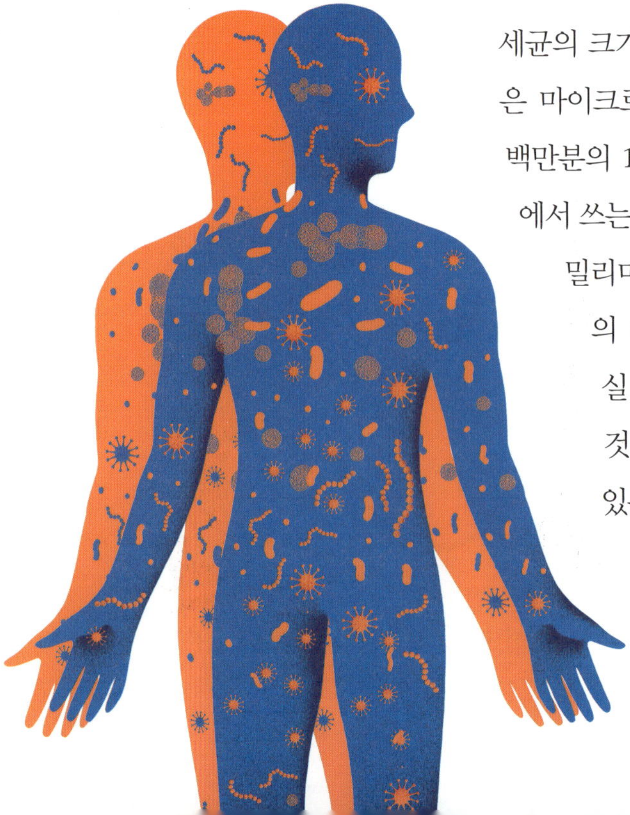

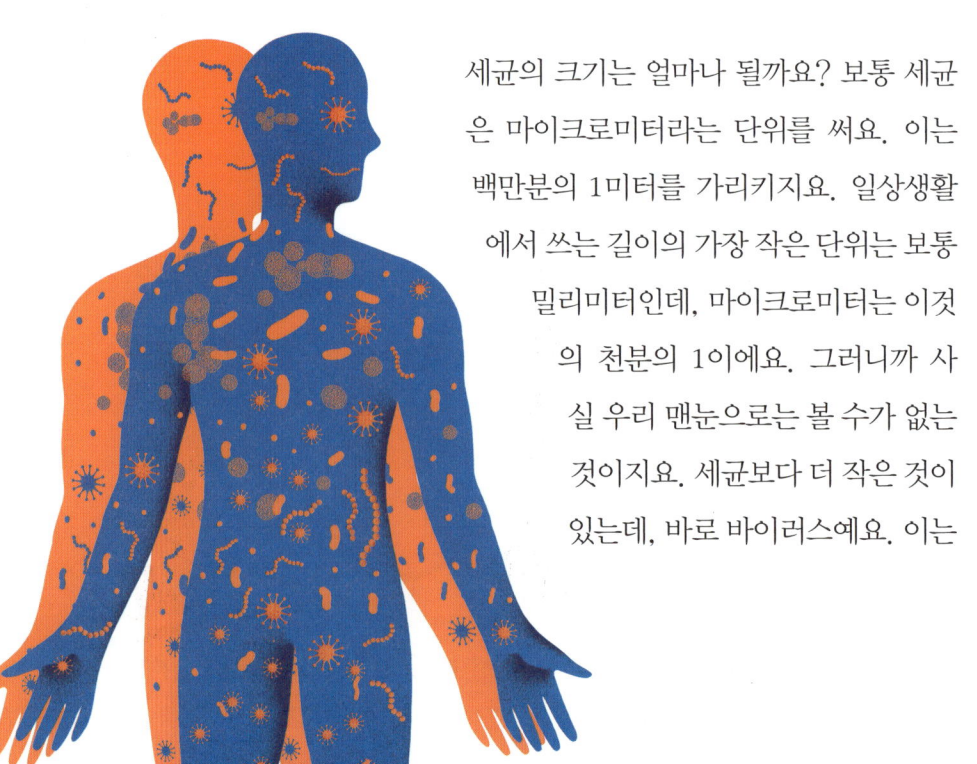

세균의 크기는 얼마나 될까요? 보통 세균은 마이크로미터라는 단위를 써요. 이는 백만분의 1미터를 가리키지요. 일상생활에서 쓰는 길이의 가장 작은 단위는 보통 밀리미터인데, 마이크로미터는 이것의 천분의 1이에요. 그러니까 사실 우리 맨눈으로는 볼 수가 없는 것이지요. 세균보다 더 작은 것이 있는데, 바로 바이러스예요. 이는

tip

함께 살아가는 세균, 미토콘드리아

우리 몸의 세포 안에는 세포가 살아가기 위한 에너지를 만들어 내는 기관인 미토콘드리아가 있다. 에너지가 많이 필요한 세포일수록 이 미토콘드리아가 많이 들어 있다. 우리 몸의 화학공장이라 불리는 간에는 세포 1개당 미토콘드리아가 1000~3000개나 들어 있다고 한다. 생식세포인 정자와 난자에도 이 미토콘드리아가 많이 들어 있는데, 남성의 정자에는 100개 정도지만 여성의 난자에는 약 10만 개가 들어 있다. 식물의 경우 움직임이 덜하니 세포의 에너지가 덜 필요하므로, 세포 1개당 100~200개의 미토콘드리아가 있다고 한다.

미토콘드리아는 세포의 핵에 들어 있는 디엔에이와 다른 디엔에이를 가지고 있다. 이 때문에 많은 생물학자들은 미토콘드리아를 독립된 세균으로 보기도 한다. 과거에는 우리 몸의 세포 밖에서 살다가 어떤 이유에서인지는 모르지만 몸 안에 들어와서 살게 됐다는 것이다. 비피더스균이 대장에서 살면서 염증을 막을 수 있는 물질을 제공하는 것처럼, 미토콘드리아는 원래 세균으로 살다가 우리 몸에 들어와 세포의 에너지 생성을 돕고 있는 셈이다.

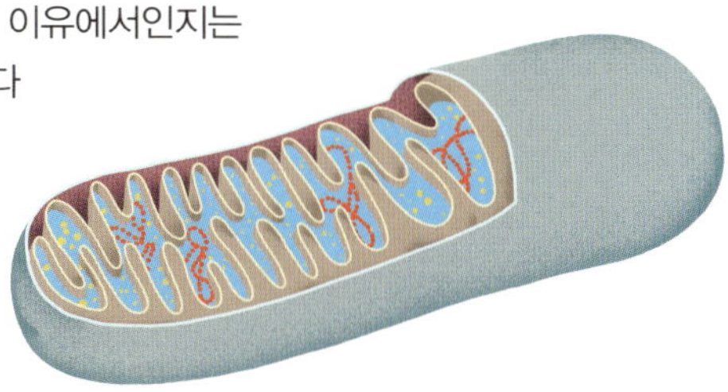

세균의 천분의 1 수준의 작은 크기예요. 일반 현미경으로는 볼 수가 없고, 전자 현미경과 같은 고도의 장비를 통하여 관찰할 수 있어요.

한 가지 중요한 사실은 세균이나 바이러스 등 미생물들은 인류가 지구상에 탄생하기 이전에 수억 년 전부터 먼저 지구에 터를 잡았다는 사실이에요. 우리의 과학 기술이 발달하여 인간을 중심으로 생각하기 때문에 세균을 적으로 규정하기 쉽지만, 사실 지구에 같이 살고 있는 생물인 셈이에요.

그렇다면 사람 몸에 살고 있는 세균 수는 얼마나 될까요? 아무런 질병이 없는 사람은 세균이 거의 없거나 적고, 질병에 걸린 사람은 더 많은 것은 아닐까요? 하지만 잘 알다시피 우리 몸의 대장에는 대장균이 살고 있잖아요. 또 유산균이 들어가 있는 음료도 마시고요. 그러니까 질병이 없는 사람의 몸에도 세균은 살고 있는 거예요. 그렇다면 얼마나 많은 세균이 살고 있을까요? 다 세어 볼 수 없을 정도로 많아서 그냥 추정만 하고 있는데, 과학자들이 추정하고 있는 수가 약 39조 마리예요. 우리 몸에 있는 세포를 모두 합치면 약 30조 개로 추정되는데, 우리 몸에 살고 있는 세균 수가 우리 몸을 구성하고 있는 세포 수보다 많은 것이지요. 이처럼 우리 몸에 엄청나게 많은 세균이 살고 있는데 왜 그 세균들이 질병을 일으키지 않을까요? 답은 간단해요. 우리 몸을 방어하는 면역계가 이 세균과의 균형을 이루고 있기 때문이에요. 균형이라는 말을 쓰는 이유가 있어요. 면역계가 우리 몸에 사는 세균을 다 없애지는 않기 때문인데, 종종 면역계가 힘을 잃거나 세균 수가 너무 많아서 면역계보다 힘이 세어지면 문제가 생겨요. 이게 바로 감염병에 걸린 상태인 것이지요.

세균보다 더 작은 바이러스

바이러스 하면 요즘은 컴퓨터 바이러스를 먼저 떠올리는 어른들도 많아요. 컴퓨터 바이러스 역시 프로그램을 실행하면서 전파되고, 감염되면 원래 컴퓨터에 저장되어 있는 파일이 망가지거나 프로그램이 작동되지 않는 문제가 생기기도 해요. 사실 생물을 해치는 바이러스의 원리와 비슷하다 보니 컴퓨터 바이러스라는 말이 붙은 셈이지요.

바이러스(Virus)는 원래 '독'이라는 뜻의 라틴어라고 해요. 병원균의 하나였기 때문에 독이라고 봐도 문제는 없지요. 컴퓨터 바이러스도 문제지만, 감기를 비롯하여 각종 바이러스 질환은 우리 사람들을 크게 괴롭히는 병이에요. 2018년 2월 열린 평창 동계 올림픽에서도 노로 바이러스에 감염되어 설사나 구토 증상을 보인 사람들이 많았다는 뉴스도 있었지요. 아무튼 암과 같은 중증 질환을 일으키는 바이러스도 있기 때문에 바이러스도 만만치 않은 병원균인 것은 틀림없는 사실이에요.

혹시 바이러스를 눈으로 볼 수 있을까요? 사실 세균은 학교나 과학관 등에 비치되어 있는 일반 현미경으로도 볼 수 있어요. 그런데 바이러스는 세균이나 세포보다 훨씬 작아서 이런 현미경으로는 관찰할 수가 없어요. 전자현미경이라는 특수한 현미경이 있어야 볼 수 있지요.

바이러스는 그 종류가 매우 많아요. 아직 인간의 기술로 발견하지 못한 바이러스도 무궁무진하지요. 아마존이나 사막 등 사람들이 잘 접근하지 못하는 곳에도 우리가 모르는 바이러스가 셀 수 없이 많을 것으로 추정하고 있어요. 이 수많은 바이러스의 종류를 나누는 것은 쉽지 않아요. 앞으로는 종류를 나

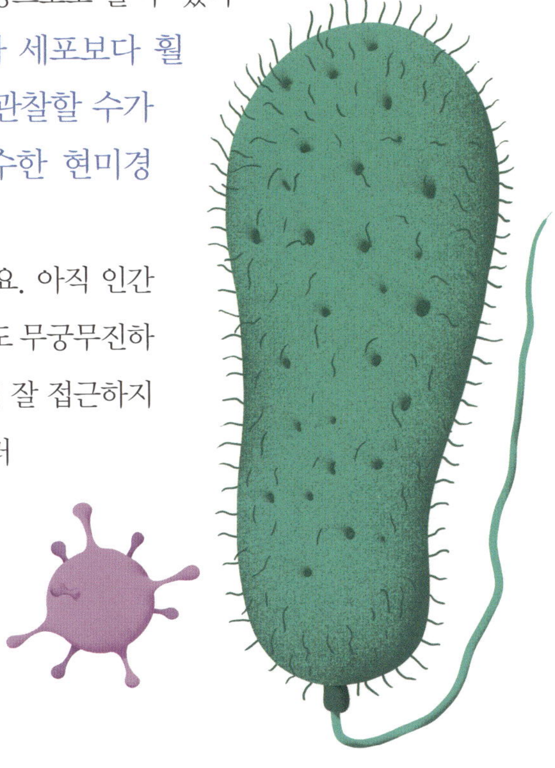

tip

바이러스를 옮기는 동물들

바이러스들은 종과 종 사이의 종간 이동, 즉 코끼리에서 사람으로 옮기거나 사람에서 새로운 종으로 옮기는 일이 흔하지는 않다. 바이러스도 기생충처럼 자신이 잘 생존하면서 유전자를 계속 퍼뜨릴 수 있는 터전을 찾기 때문이다. 동물의 바이러스가 사람에게 옮겨 문제를 일으키는 경우, 이를 '인수공통감염병'이라고 부른다. 사람과 동물이 같은 종류의 바이러스에 감염될 수 있다는 뜻이다. 진드기 질환을 일으키는 바이러스가 대표적인데, 사람에도 살지만 야생 진드기에도 생존이 가능한 종류이다. 이 진드기가 물 때 침에 살고 있던 바이러스가 사람의 몸에 들어와서 감염병을 일으키는 것이다. 해당 바이러스가 없는 진드기에 물리면 바이러스가 없으니 당연히 병에 걸리지 않고, 가려움증만 생길 뿐이다.

조류 인플루엔자 역시 시베리아에 있다가 겨울을 지내기 위하여 국내로 오는 철새 몸에 있을 때에는 아무런 문제도 일으키지 않지만, 우리가 사육하는 닭이나 오리에게는 문제를 일으킨다. 그러다가 닭이나 오리를 키우는 농장주에게도 감염을 일으키기도 하는데, 위험성이 매우 높다. 원래 살던 동물에서 살던 바이러스는 그 동물들의 면역 체계가 대처할 수 있지만, 다른 동물로 가면 위험한 질병에 걸릴 수 있다. 면역 체계가 이를 파악하지 못하고 있기 때문이다.

누는 방법조차 달라질 수도 있고요. 현재는 유전자 가닥수나 어디에서 번식하느냐에 따라 바이러스 종류를 나누기도 해요. 바이러스는 반드시 세포라는 숙주가 필요해요. 세포가 있는 데에는 어디든 바이러스가 살 수 있어요. 크게 나누어 보면 그 세포가 식물 또는 동물에 있느냐에 따라 구

분해요.

식물에 사는 바이러스에는 별 관심이 많지 않았어요. 사람에게 잘 옮기지 않았기 때문이지요. 그런데 농사를 짓거나 식물을 재배하면서 식물 세포에 사는 바이러스를 알게 되었어요. 토마토나 담배와 같은 식물을 키우다 보니 이들 식물에 사는 바이러스를 발견한 것이지요. 동물의 세포에서 사는 바이러스는 사람이나 동물들에게 감염병을 일으켜요. 유행성 독감을 일으키는 인플루엔자 바이러스, 일본 뇌염을 일으키는 바이러스, 이른바 살인 진드기에 물리면 발생하는 것으로 알려진 중증열성혈소판감소증후군(SFTS) 바이러스 등 매우 많아요. 요즘은 예방 접종을 통하여 어느 정도 예방이 되는 풍진을 일으키는 것도 바이러스이고, 가장 흔한 질환이라고 알려진 감기도 바이러스가 일으키지요.

그 밖에도 다양한 바이러스성 질환이 있는데 이를 예방하기 위해 아이들은 태어나서 초등학교에 들어가기 전까지 여러 예방 접종을 받아요. 이 덕분에 소아마비, 풍진, 간염, 유행성 이하선염, 홍역 등 여러 질환에 걸릴 위험을 낮출 수 있는 거예요. 지금도 수많은 과학자들이 더 많은 예방 백신을 개발하기 위하여 열심히 연구하고 있지요.

세균에 비하면 늦게 나오기 시작하였지만 바이러스 질환 치료제도 많이 나와 있어요. 문제는 세균이 내성을 가지는 것처럼, 바이러스 역시 수많은 치료제에 돌연변이를 일으켜 극복하고 있지요. 이 때문에 앞으로 우리 친구들이 의학자 또는 과학자가 된다면, 개발하여야 할 바이러스 질환 치료제는 무궁무진하게 남아 있어요. 할 일이 참 많지요?

생각발전소

세균과 바이러스의 차이

바이러스는 살아 있으니 보통은 생물이라고 생각하는 사람이 많아요. 그런데 바이러스가 생물인가 아닌가를 두고 논란이 있어요. 미생물의 한 종류이기는 한데, 생물의 기본적인 특징 몇 가지가 없기 때문이에요. 우선 바이러스는 생물의 가장 기본적인 특징인 종족 번식을 스스로 할 수 없어요. 우리가 주변에서 보는 모든 식물이나 동물, 미생물은 종족 번식이 가장 기본적인 특징인데, 바이러스는 이게 스스로 안 되는 거예요. 바이러스는 다른 생물에 기생해서 자신의 유전자를 증폭해 종족을 유지한답니다. 종족 번식을 위해서는 반드시 다른 생물이 있어야 해요. 바이러스는 이 생물의 세포에 기생해서 살기 때문에, 이 세포를 '숙주'라고 부르지요. 우리가 바이러스에 감염되면 우리 역시 숙주가 되기 때문에, 우리 몸에서 번식한 바이러스가 다른 사람에게 감염될 수 있어요.

바이러스가 생물이라고 보기 힘든 특징 또 한 가지는 영양분 섭취 같은 대사 작용이 없다는 거예요. 대사 작용은 우리 몸에서 영양분을 섭취하고 이를 통해 몸에 필요한 에너지를 만들고, 이 에너지를 통해 개체가 생명을 유지하는 거예요. 즉 생명 유지에는 대사 작용이 필수라고 할 수 있어요. 그런데 바이러스는 이런 대사 작용을 스스로 하지 않고 다른 생물의 대사 작용을 이용해서, 나쁘게 말하면 기생해서 사는 것이죠.

그럼 무생물이냐 하면 그것도 아니에요. 바이러스가 생물일 수 있는 이유는 무엇일까요? 바이러스에도 유전 물질이 있어요. 다른 생물의 세포 안에서 기생하면서 이 유전 물질을 대폭 늘리는데, 이게 바이러스의 번식 과정이에요. 자신이 가진 유전 물질을 더 많이 퍼지게 하려는 특성은 모든 생물에서 공통적으로 보이는 현상이며, 이 때문에 바이러스 역시 생물의 한 종류로 볼 수도 있답니다.

바이러스에 비하면 세균은 스스로 생존하고 번식할 수도 있어요. 물론 크기도 1000배 이상 훨씬 크고요. 외부의 영양분을 섭취해 생명체로서의 기능을 유지하기 위한 대사 작용을 하지요. 이 때문에 세균은 생물로 분류해요. 물론 유전 물질도 가지고 있고, 번식 과정에서 이를 계속 퍼뜨립니다.

재밌는 사실 하나는 바이러스 가운데 일부는 세균에 침투하여 세균을 이용하여 자신의 유전 물질을 번식하기도 해요. 우리가 생각하기에는 세균이나 바이러스 모두 우리를 괴롭히는 나쁜 미생물인 것 같지만, 그들 역시 자신의 종족 번식을 위하여 치열하게 경쟁하고 싸우고 있는 셈이지요. 바이러스는 결국 모든 생물에 다 기생할 수 있는 능력을 가졌고, 또 그런 능력을 가진 종류만 지금까지 살아남았는지도 몰라요.

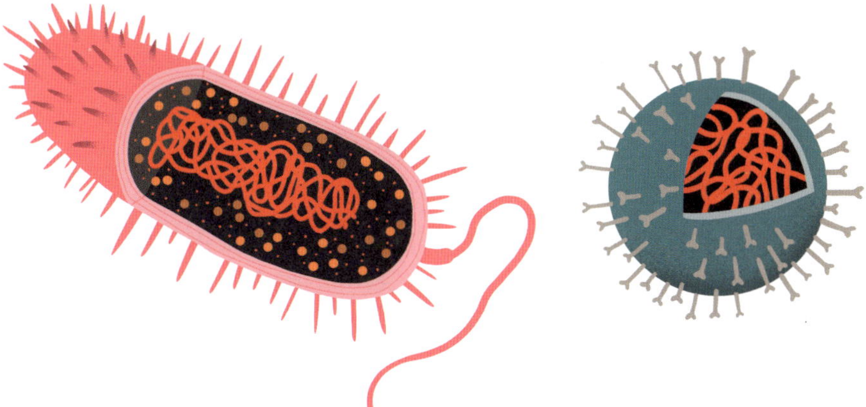

어둡고 습한 곳을 좋아하는 곰팡이

곰팡이가 세균이냐고요? 곰팡이는 세균과는 달라요. 하지만 곰팡이 역시 우리 인간에게 질병을 일으키지요. 이 때문에 의학 용어로는 진균이라고 부르고 있지요. 곰팡이는 세균이나 바이러스처럼 인간의 몸 안에 들어와 번식하면서 여러 질병을 일으킬 수 있어요. 대표적인 질환이 바로 무좀이에요. 피부에 사는 곰팡이의 한 종류인 이 무좀균이 발가락이나 사타구니 등에 자리를 잡고 살 수 있어요.

곰팡이를 퇴치하기 위하여 만든 약을 항진균제라고 부르는데, 이 항진균제를 발가락에 발라도 무좀이 잘 낫지도 않고 치료가 된 뒤에도 재발하는 경우가 많아요. 바르는 약을 써도 잘 듣지 않으면, 먹는 약을 쓰기도 해요. 이 먹는 약은 간에 좋지 않은 성분이어서, 자칫 간 기능이 상할 수 있어서 주의하면서 써야 하는 약이에요.

무좀균 같은 곰팡이는 피부 곳곳에 살 수 있는데, 평소 곰팡이가 좋아하는 서식지는 습기가 많고 햇빛이 잘 들어오지 않는 음지예요. 사타구니 같은 곳을 곰팡이가 좋아하지요. 우리 몸에서도 습기가 많이 차는 곳, 예를 들어 발가락 사이, 사타구니 등은 잘 씻은 뒤 습기를 깨끗이 제거해야 해요. 그래야 곰팡이가 서식하는 것을 막을 수 있어요.

피부에 사는 곰팡이, 즉 진균은 그래도 심각한 문제를 일으키지는 않아요. 하지만 이 진균이 폐와 같이 중요한 조직에 들어와서 번식하는 경우도 있어요. 이를 곰팡이 폐렴이라고 부르는데, 세균이나 바이러스 폐렴처럼 심각한 상황이 생길 수 있어요. 가래나 기침 등과 같은 증상부터 발열, 호흡 곤란 등이 나타날 수도 있어요. 이때 항진균제를 쓰면 면역력이 크게 떨어진 사람들을 제외하면 대부분은 치료가 잘되는 편이에요.

곰팡이가 폐에 들어가 자라면서 덩어리를 만들기도 해요. 인간이 한 곳에 모여 살다가 마을이 되고 마을이 다시 대도시가 되는 것처럼 말이에요. 종종 이 곰팡이 덩어리가 방사선 촬영이나 컴퓨터단층촬영(CT)과 같은 검사에서 혹이나 암 덩어리처럼 보일 때도 있어요. 여러 검사를 통해 폐암이 아니라 곰팡이 감염이라는 게 밝혀지고, 항진균제 등으로 치료를 하기도 해요.

입안이나 소장 및 대장에도 곰팡이 감염이 일어날 수 있어요. 대부분 면역이 많이 떨어진 경우에 생기는데, 입안에 곰팡이가 자라면 입안 곳곳에서 곰팡

이가 뭉쳐 자라면서 하얗게 덩어리를 만들기도 해요. 입에 사는 곰팡이가 소장이나 대장에 번식하게 되면 곰팡이에 의한 장염이 생길 수 있지요. 이처럼 우리 몸 곳곳에서 곰팡이는 자랄 수 있고, 특히 습한 곳을 좋아하니까 곰팡이에 감염되지 않으려면 잘 씻고 잘 말리는 것이 중요하다는 것을 잊지 말도록 해요.

기생충은 왜 욕을 먹을까?

기생충은 말 그대로 우리 몸에 기생하는 벌레를 뜻해요. 대부분 눈에 보일 만큼 크기 때문에 세균이나 바이러스보다도 훨씬 오래전부터 사람들은 기생충의 존재를 알고 있었지요. 식량이 부족하였던 과거에 사람들이 먹은 영양분을 이 기생충들이 뺏어 먹으니 얼마나 싫었겠어요? 그러다 보니 '기생충'이라고 부르거나, '기생충 같다'는 말은 엄청난 욕이었어요. 요즘은 잘 볼 수 없는 빈대도 욕으로 많이 쓰이는데, 이 역시 기생충의 한 종류예요. '빈대 붙었다'는 말도 남들에 의지하여 사는 사람들을 비판할 때 쓰는 말이지요. 지금은 빈대를 보기 힘들지만, 과거에는 사람에게 달라붙어 피를 빨아먹고 사는 빈대가 아주 흔했어요.

그렇다면 기생충은 얼마나 해로운 존재일까요? 1950년대 한국 전쟁 뒤에 폐허가 된 우리나라에서는 먹을 것이 귀했어요. 지금은 비만이 걱정이지만 그 당시에는 굶주림이 심각한 사회적인 현안이었어요. 오죽했으면 미국에서 원조물품으로 옥수수나 밀가루를 보내 주기까지 했겠어요.

이처럼 굶주리고 있거나 섭취한 영양분이 부족한 상황인데, 회충이나 조충 등 각종 기생충들이 그 영양분마저 빼앗아 먹으니 엄청 못된 놈들로 여겼던 거예요.

이 때문에 1980년대까지만 하여도 학교에서 모든 학생들의 대변을 걷어서 기생충 검사를 했어요. 기생충이나 기생충 알이 대변에서 발견되면 학교에서 기생충 약, 즉 구충제를 나누어 주기도 하였지요. 기생충이 검출되었다며 약을 받으라고 선생님이 이름을 부르면 같은 반 아이들에게 놀림 받곤 했어요. 학교뿐만 아니라 집에서도 구충제를 한 해에 두 차례 정도 먹이곤 하였지요. 지금은 기생충이 있는 사람들을 거의 발견할 수가 없어요. 심지어는 국내에서 기생충을 연구하는 학자들은 우리나라 사람들에게서 기생충이 거의 나오지 않자, 동남아시아나 아프리카 등 아직 개발이 덜 된 국가에 가서 기생충을 연구하기도 해요.

왜 이렇게 우리들의 몸에서 기생충이 없어졌을까요? 구충제 덕분일까요? 기생충이 없어진 데에 결정적인 역할을 한 것이 바로 화장실 문화와 달라진 농사법이에요. 과거에는 대변을 큰 항아리 등에 모아 놓았다가 두엄을 만들어 거름으로 농사에 활용하였지요. 지금은 화학적 방법으로 만든 비료를 쓰지만 당시는 사람들이나 집에서 기르던 동물들의 대변을 이용하여 거름을 만들어 밭에 뿌렸어요.

회충이나 조충 등 우리 소화기관에 사는 많은 기생충은 알을 낳으면 대변을 통하여 밖으로 나와요. 그 알이 거름 속에 있다가 밭에서 자라는 각종 농산물에 묻게 돼요. 이를 제대로 씻지 않고 먹으면 기생충 알이 사람 몸으로 들어올 수 있어요. 기생충 알이 우리 몸에 들어오면 부화하여 기생충 성충이 되고, 이 성충이 소장이나 대장에서 번식하다가 다시 알을 낳으면 다른 사람에게 기생충 감염을 일으킬 수 있었던 거예요. 기생충이 한 사람에게서 다른 사람으로 전파가 되려면 대변을 모아서 거름을 만들고 이를 농사에 활용하는 과정이 필요하였던 것이지요.

기생충 감염이 줄어든 뒤로 사람들의 건강 수준은 크게 높아졌어요. 일단 섭취한 영양분을 기생충에게 뺏기는 일은 없어졌어요. 과거에는 영양이 부족한 사람들이 많았다면, 이제는 반대로 비만인 사람들이 크게 늘어난 것이지요. 물론 기생충 감염이 줄어든 것만이 비만이 늘어난 이유는 아니에요. 과거에 견주어 먹는 음식 양이 크게 늘었고, 자동차나 지하철 등 운송 수단의 발달로 잘 걷지 않는 등 신체 활동이 크게 줄어든 것도 중요한 이유예요.

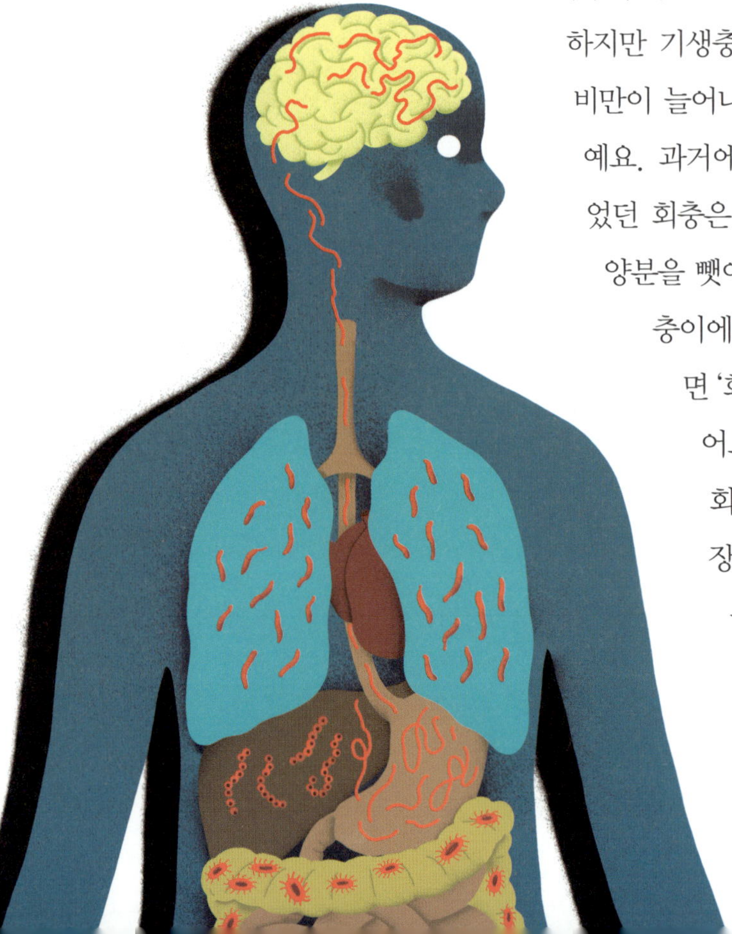

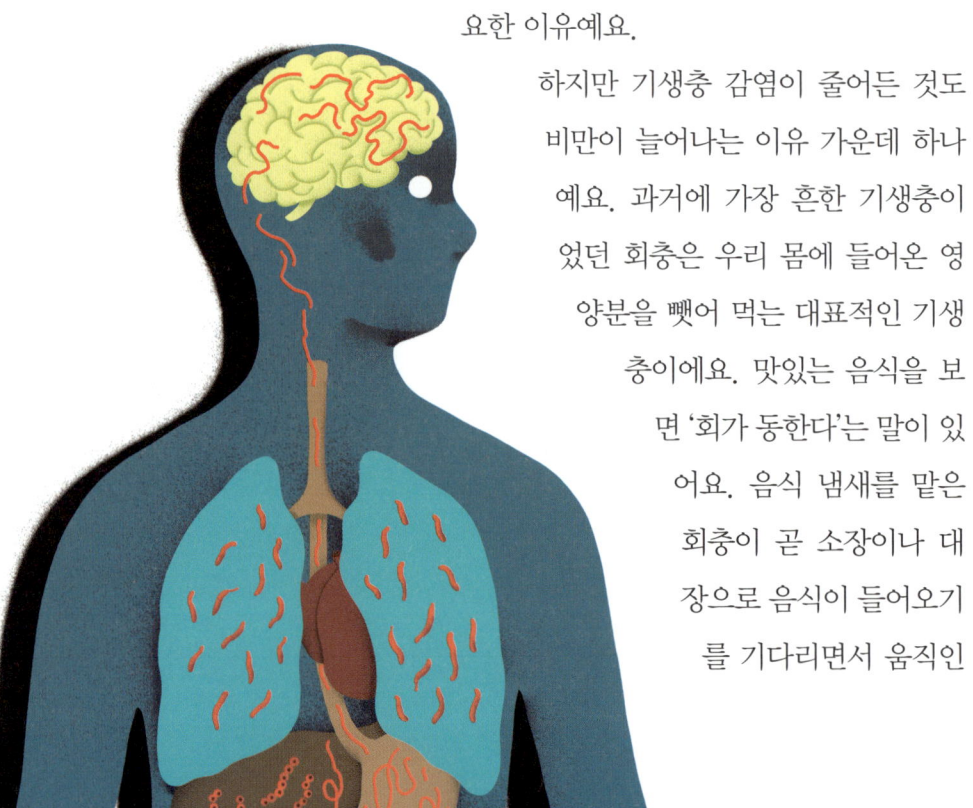

하지만 기생충 감염이 줄어든 것도 비만이 늘어나는 이유 가운데 하나예요. 과거에 가장 흔한 기생충이었던 회충은 우리 몸에 들어온 영양분을 뺏어 먹는 대표적인 기생충이에요. 맛있는 음식을 보면 '회가 동한다'는 말이 있어요. 음식 냄새를 맡은 회충이 곧 소장이나 대장으로 음식이 들어오기를 기다리면서 움직인다는 말이었는데, 맛있는 음식을 보고 구미가 당길 때 쓰였지요.

회충은 사실 조충에 비교하면 아무것도 아니에요. 광절열두조충이라는 기생충은 다 자라면 성인의 소장 길이와 거의 비슷한데, 거의 10미터나 자라요. 그러니 사람에게서 뺏어 먹는 영양분도 많았지요. 이런 회충이나 조충이 사라지면, 섭취한 영양분이 남아서 비만에 빠질 위험이 있는 것이지요. 영양분을 섭취하는 기능을 하는 소장에서 이런 광절열두조충을 한 마리 키우면 애써 다이어트나 운동을 할 필요가 없을 것이라고 생각하는 사람들도 있답니다. 아직 실용화 단계는 아니니 이 기생충을 이용하여 쉽게 다이어트하려는 생각은 하지 않는 것이 좋아요.

사실 우리가 흔히 아는 기생충인 회충이나 요충, 촌충 등은 대부분 오래 사람과 함께 지내다 보니 그다지 문제를 일으키지 않아요. 기생충 입장에서도 사람이 잘 살아 있어 먹을 것을 많이 먹어 줘야 영양분을 섭취하면서 자손을 번식시킬 수 있기 때문이지요. 이 때문에 회충 등 흔한 기생충은 꽤나 긴 역사 동안 사람과 함께 살았어요. 현재 발견된 것으로만 보아도, 지금으로부터 3만 년 전 인류의 조상의 소장에서도 회충 알이 발견되고 있을 정도예요.

그런데 기생충이 심각한 문제를 일으키는 경우가 있어요. 원래 살아야 할 자리를 벗어나는 녀석들 때문이에요. 회충이 소장에만 살고 있으면 거의 아무런 문제를 일으키지 않아요. 우리 몸의 면역계도 회충의 존재를 잘 알고 있거든요. 가끔 이 회충이 뭉쳐서 창자의 작은 부분을 막기도 하고 심한 복통이나 변비에 시달리기도 하지요. 사실 이런 경우라고 하여도 심각하지는 않아요. 구충제를 먹으면 거의 아무런 문제 없이 해결되기 때문이지요.

문제를 일으키는 기생충은 사람의 몸 안이 아니라 다른 동물에 기생하는 것들이에요. 대표적인 기생충이 스파르가눔이에요. 꼭 뱀처럼 생긴 이 기생충은 원래는 개나 고양이와 같은 동물의 소장에 살아요. 성충이 된 스파르가눔이 고양이의 소장에 살 때에는 마치 사람에 사는 회충처럼 영양분만 섭취하면서 고양이에게 해를 끼치지 않아요. 하지만 성충이 되기 전이나 알일 때 사람에게 들어오면 문제를 일으켜요. 평소에 익숙하던 자신들의 서식처는 고양이의 소장인데, 집을 잘못 찾아들다 보니 헤매는 거예요. 소장을 뚫고 우리 몸 이곳저곳을 돌아다니다 눈으로 튀어나오기도 하고, 뇌까지 침투하기도 해요.

스파르가눔은 이 기생충이 아직 성충이 되기 전에 기생해 사는 동물을 날것으로 먹으면 감염될 수 있어요. 대표적인 동물이 바로 뱀이에요. 과거에는 군대나 시골에서 뱀을 잡아서 날것으로 먹기도 했는데, 이때 이 기생충에 감염되어서 뇌 수술을 받은 사례도 있었어요. 또한 스파르가눔은 종종 계곡물에 알을 낳기도 하는데, 이 계곡물을 잘못 마셔도 감염될 수 있어요.

제너와 종두법, 예방 접종의 시초

천연두 또는 마마라는 질환을 들어 보았나요? 천연두는 과거에는 매우 무서운 병이었어요. 한번 유행하면 한 마을을 휩쓸어 마을 전체가 무덤으로 변하기도 할 정도였어요. 천연두에 걸려 사망하지 않아도 얼굴에 흉터가 수없이 많이 남았는데, 이를 '곰보'라고 부르면서 놀리곤 했어요. 천연두를 앓은 자국은 얕게 패었는데, 이 앓은 자국이 얼굴 곳곳에 있었지요.

천연두가 어느 정도로 무서운 질환이었냐면, 전쟁에서 생물학적 무기를 쓸 때 천연두 바이러스를 고려하기도 했어요. 과거에는 전쟁에서 주로 칼이나 창, 활 등을 쓰다가 이후 총을 썼어요. 그러다가 대포나 미사일 이후 핵미사일 등이 나왔는데, 핵미사일 사용 뒤에 전쟁 무기로 고안되었고 실제로 몇몇 전쟁에서 사용된 것으로 알려진 것이 바로 생물학적 무기예요. 이 무기는 각종 세균이나 바이러스 등을 뿌려서 전쟁에 참여한 병사들을 아프게 하거나 숨지게 하는 것인데, 천연두 바이러스 역시 이런 무기로 고려된 것이지요.

천연두는 우리나라에서만 유행한 것은 아니에요. 이웃 중국이나 유럽,

미국 등 여러 나라에서 다 유행했지요. 어느 나라든 천연두는 골칫덩어리였어요. 18세기 후반에 산업혁명이 있기 전까지 지금처럼 공업 등 기술이 발달하지 않았던 유럽에서는 사람들이 주로 소나 양을 기르는 목축업에 종사했는데, 소에게서도 천연두는 나타났지요. 소에게서 나타난 천연두를 우두라고 불렀어요.

영국의 의사였던 에드워드 제너는 1700년대 말 시골에서 병원을 개원하여 환자를 돌보던 중, 소의 젖을 짜는 여성이나 소를 키우던 사람들이 천연두에 걸리지 않거나 걸려도 증상이 약하다는 사실을 발견하게 되었어요. 우두에 노출되면 천연두에 걸리지 않거나 걸려도 증상이 약해 큰 문제를 일으키지 않았던 것이지요. 사실 목축업에 종사하던 이들은 오래전부터 이런 사실을 알고

tip

잠복기란?

바이러스나 세균이 우리 몸에 들어온 뒤 우리가 인지하거나 의사가 여러 검사로 감염병을 알아낼 정도로 변화가 나타나는 기간을 잠복기라고 한다. 왜 바이러스나 세균이 우리 몸에 들어온 뒤 증상이 나타날 때까지 시간이 걸릴까? 일단은 병원균이 들어와도 증식을 해야 한다. 번식해서 숫자가 많아져야 우리 몸의 여러 기관을 공격할 수 있고 이때 비로소 증상이 나타나는 것이다. 잠복기는 질병에 따라, 또 각자의 면역력에 따라 차이가 난다.
우리 몸에는 외부에서 들어오는 각종 세균 및 바이러스 등 병원균과 싸울 수 있는 면역계 세포가 있어서 바이러스나 세균을 물리친다. 백혈구, 림프구, 대식세포 들이 바로 면역계 세포이다. 이 면역계의 능력은 사람마다 다른데, 노인이나 어린이, 임신부 등은 면역계가 약하다. 임신부의 경우는 엄마의 면역력이 너무 강하면 배 속의 태아마저 엄마 몸의 일부가 아닌 것으로 알기 때문에 자칫 유산할 수도 있다. 그래서 임신부는 전보다 면역력이 약해져 있는 상황이다. 이들 외에도 만성질환이나 암을 앓고 있는 이도 면역력이 떨어지므로 잠복기가 짧아지고 감염병 증상이 곧장 나타날 수 있다.

있었는데, 의학적인 지식을 가지고 있었던 에드워드 제너가 이를 유심히 관찰한 거예요. 소의 우두 역시 피부에 고름이 생기는 증상이 나타나기도 하였는데, 소의 젖을 짜는 여성이나 목동이 이를 자연스럽게 만질 수밖에 없었고 우두에 걸리기도 했어요. 이들은 천연두에 덜 걸린 것이지요. 이런 사실을 알고 있었던 목축업 종사자들은 소가 우두에 걸려 생긴 고름을 코로 흡입하는 등 천연두를 예방하는 방법을 전수하여 오고 있었어요.

에드워드 제너는 이렇게 전수되어 오던 천연두 예방법을 실제 실험으로 확인했어요. 우두에 생긴 고름을 천연두에 걸린 적이 없는 아이에게 접종하였고, 이 아이가 천연두에 걸리지 않는다는 사실을 실험을 통하여 확인한 거예요. 그리고 이런 사실을 의사들이 모여 의학적인 지식을 논의하는 의학회에 보고했어요. 이것이 바로 세계 최초의 예방 접종인 종두법이에요. 제너는 사람들이 천연두에서 벗어나고자 일부러 우두에 노출하였던 것을 과학으로 발전시켰지요.

tip 항생제에도 죽지 않는 슈퍼 박테리아

1990년대 후반 우리나라뿐만 아니라 전 세계적으로 항생제에 내성을 보이는 세균이 문제가 되었다. 항생제의 효과가 없는 세균이 등장한 것이다. 이런 세균에 대하여 언론에서 '슈퍼 박테리아'라는 표현을 썼는데, 이 말은 사실 의학적이거나 과학적인 용어는 아니지만 유행하게 되었다. 슈퍼 박테리아의 정확한 의미는 많은 항생제에 내성이 보이는 세균, 즉 여러 항생제를 써도 계속 번식하거나 죽지 않는 세균이다.

슈퍼 박테리아에 대한 쉬운 해결책은 강력한 항생제를 계속 개발하는 것이다. 그러나 새로운 항생제를 만들어 내면 돌연변이를 통하여 이를 피해 가는 세균이 살아남아 다시 감염병을 일으킬 수 있다. 결국 항생제 개발이 빠르냐 아니면 세균의 돌연변이 능력이 빠르냐는 싸움이 계속 벌어지고 있는 셈이다. 슈퍼 박테리아의 탄생 자체를 줄이는 방법은 꼭 필요할 때만 항생제를 쓰는 것이다. 이 때문에 우리나라뿐만 아니라 전 세계적으로 항생제를 적절하게 사용하도록 권장하는 캠페인을 벌이고 위생적인 습관을 통해 세균 감염을 줄이는 여러 정책을 실천하고 있다.

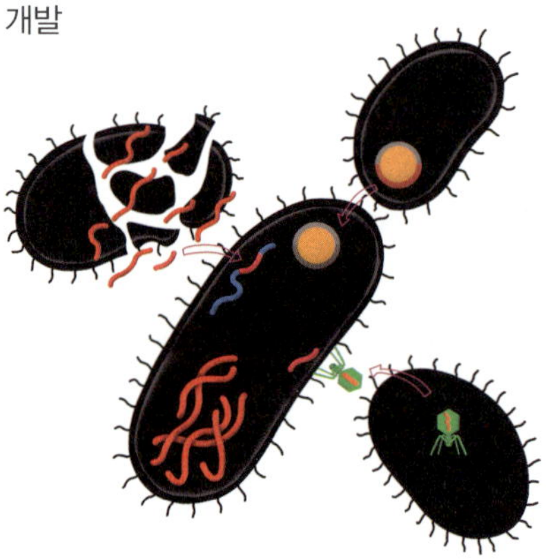

이후 종두법은 최초의 예방 접종으로 인정받았어요. 죽은 병균이나 거의 죽기 일보 직전의 병균을 우리 몸에 투입하면 면역계가 병균의 정체를 알아 해당 질병을 예방한다는 것이 바로 예방 접종이에요. 이 예방 접종을 통하여 천연두는 지구에서는 박멸되었다는 판정을 받기도 하였지요. 예방 접종의 효과는 대단히 크기 때문에 정해진 주기에 따라 맞아야 한다는 걸 꼭 기억해요.

상수도 공급과 노로 바이러스

유행하는 노래가 달라지고 사람들이 많이 찾는 패션이 바뀌듯 우리 몸을 괴롭히는 세균도 시대에 따라 달라져요. 상하수도 시설이 제대로 갖춰지지 않았던 과거에는 콜레라, 장티푸스, 세균성 이질 등이 설사를 일으키는 주요 원인균이었어요. 깨끗하지 못한 물 때문에 생기는 대표적인 수인성 감염병이지요. 하지만 콜레라의 경우 최근에는 1년에 단 한 명의 환자도 생기지 않은 때가 많아요. 생겨 봐야 국내에서 1~2명이 생기거나 해외여행 중에 걸려 와도 3~5명이 넘지 않았지요. 즉, 천만 명 중에 1명이 걸릴까 말까 하는 질환인 셈이에요.

장티푸스 환자는 콜레라보다는 훨씬 많은 편인데, 한해 250명을 넘지 않아요. 과거에는 장티푸스에 걸리면 설사는 물론 복통 등이 매우 심해 '염병'이라고 부르곤 했어요. 얼마나 심한 질환이었는지, 미운 사람에게 염병이나 걸리라거나 이상한 행동을 하는 사람에게 염병한다고 욕을 하기도 하였지요. 세균성 이질 역시 2013년 약 300명이 생긴 뒤로는 100~200명 수준이에요. 모두 과거에 유행하던 설사 질환으로, 이제는 거의 사라져 가는 질환이라고 할 수 있어요. 그렇다고 해서 지구상에서 없어진 세균은 아니므로, 언제든 깨끗한 물이 공급되지 않는 상황이 오면 다시 유행할 수 있다는 사실에 유의해야 해요. 수돗물의 소중함을 명심해야 함은 물론 자연환경을 잘 보전해야 이런 질환으로부터 자유로울 수 있어요.

최근 설사를 일으키는 주요 원인을 살펴보면, A형 간염이나 노로 바이러스 감염을 들 수 있어요. 먼저 A형 간염은 말 그대로 A형 간염 바이러스가 일으키는데, 1990년대까지만 해도 사실 찾아보기 힘든 질환이었지요. 이 바이러스는 주로 분변이나 흙을 통해 감염되는데, 놀랍게도 어릴 때 감염되면 거의 대부분 아주 약한 감기처럼 앓고 지나가요. 과거 흙을 만지며 놀았던 어린이들은 자신도 모르게 A형 간염에 걸리고 이 바이러스를 막을 수 있는 항체가 몸에 생겼던 거예요. 하지만 어른이 되어서 이 바이러스에 감염되면 일부에서는 심한 간염으로 악화돼 사망에 이르기도 해요. 현대에 들어와 아스팔트가 깔리고 놀이터에도 우레탄이 들어서면서 아이들이 흙을 만질 기회가 거의 없어지고, 이 때문에 어릴 적에 걸리지 않고 나이 들어서 걸리면서 문제가 된 질병인 셈이에요. 다행히 요즘에는 이 바이러스에 대한 예방 백신이 나와 있어요.

보통 음식을 익혀 먹으면 설사를 일으키는 세균이나 바이러스는 거의 대부분 다 죽기 때문에 감염을 일으키는 경우가 거의 없어요. 하지만 노로 바이러스는 상당히 열에 강한 편이에요. 60도쯤 되는 열로 30분 동안 가열해도 이 바이러스는 죽지 않아요. 게다가 흔히 수돗물을 만들 때 사용하는 방법인 염소 소독으로도 노로 바이러스는 제거되지 않는 특징이 있어요. 깨끗한 물과 온도 가열로 예방이 되지 않다 보니 최근 들어와 이 바이러스에 의한 장염이 많이 생겼어요. 또 하나의 특징은 노로 바이러스는 겨울철 등 기온이 낮을 때 활발하게 번식한다는 거예요. 겨울철에 식중독에 걸렸다면 노로 바이러스가 원인일 가능성이 큰 편이라는 사실에 유의할 필요가 있어요.

과거에는 식중독을 일으키는 병원균이 장티푸스나 세균성 이질이었다면 깨끗한 수돗물을 이용하게 되면서 이들은 사라지게 된 셈이에요. 그 대신 수돗물의 염소 소독에도 살아남을 수 있는 노로 바이러스는 여전히 조심해야 할 식중독이에요. 다행히 노로 바이러스 감염은 설사나 복통 등과 같은 증상을 며칠 겪으면 대부분 자연 회복돼요. 과거에 견줘 식중독 사망 사고가 크게 줄어든 이유이기도 해요.

세균이나 바이러스, 곰팡이 등 우리 몸에 침입해 감염병을 일으키는 원인들을 모두 박멸하기는 힘들어요. 세균이나 바이러스는 인류보다 먼저 지구에 나타난 생물이에요. 아프리카나 아마존 강 밀림 등 인류의 손길이 닿지 않는 곳에는 아직 사람이 잘 모르는 바이러스와 세균이 많아요. 사람들이 이런 곳들을 개발한다고 숲을 파괴하면 나무가 만들어 주는 산소의 공급이 줄어들 뿐만 아니라, 지금

tip

콜레라균의 존재도 모른 채 예방법을 알아낸 사람들

쌀뜨물 같은 설사를 일으키는 감염병인 콜레라는 지금은 쉽게 치료가 되지만, 1900년대 초반까지만 해도 콜레라가 생기면 한 동네 사람들이 모두 감염되어 사망하면서 그 동네가 사라지곤 했다. 콜레라에 오염된 우물물이나 지하수를 먹고 마을 사람들 전체가 감염된 뒤, 설사를 계속해 탈수로 사망에 이르곤 했다.

콜레라의 원인균이 규명되기 전인 1850년 무렵, 영국에서 콜레라가 크게 유행해 수많은 사람들이 죽었다. 의사인 존 스노는 콜레라에 걸린 사람들을 조사해서 그들에게 어떤 문제가 있었기에 콜레라에 걸렸는지를 밝혀냈다. 그는 환자들의 공통점을 하나 찾아냈는데, 모두 한 우물의 물을 마셨던 것이다. 결국 해당 우물을 폐쇄하고 깨끗한 물을 먹게 하자 더 이상 환자가 발생하지 않았다. 콜레라균의 정체조차 아직 모르는데도 예방법을 찾아낸 것이다.

tip

처음으로 손 씻기를 주장한 사람, 제멜바이스

인류의 역사에서 손을 씻으라고 강조한 것은 채 200년도 넘지 않았다. 1800년대 중반, 오스트리아 빈에서 있었던 일이다. 그 당시에도 산부인과 의사들이 있어서 산모가 아이를 낳을 때 산부인과 의사나 조산사가 도왔다. 그런데 조산사보다 의사들이 도울 때 산모가 산욕열과 같은 심각한 후유증에 시달리거나 사망하는 경우가 더 많았다. 산부인과 의사였던 이그나츠 제멜바이스는 산부인과 병동을 관찰한 결과, 의료진이 손을 제대로 씻지 않는다는 사실을 발견했고 이것이 산욕열 발생 위험을 높인다는 것을 깨달았다. 이를 논문으로 발표하자 의사들은 산욕열에 대한 책임이 자신들에게 있다는 것을 인정하지 않았고, 오히려 제멜바이스를 비난하고 괴롭혔다. 비난이 쏟아지자 제멜바이스는 정신질환을 앓게 되었고, 결국에는 정신병원에 갇히기까지 했다. 당시에 제멜바이스의 논문은 인정을 받기는커녕 오히려 비판의 대상이 되었지만, 지금은 감염병을 예방하는 데 있어 손을 씻는 것만큼 중요한 수칙은 없게 되었다.

까지 알지 못했던 새로운 바이러스나 세균과도 만나게 될 위험도 있어요. 환경 파괴가 가져오는 또 다른 공포라고 할 수 있지요.

생각발전소

세계 최초의 항생제, 페니실린

인간이 처음으로 발견한 항생제는 페니실린이에요. 발견이라는 표현을 쓴 것은 우연히 운 좋게 이 항생제가 개발되었기 때문이에요. 플레밍은 1928년 페니실린을 발견했는데, 원래부터 세균을 죽일 수 있는 항생제를 개발하기 위한 연구를 하고 있었던 것이 아니었어요. 세균을 증식, 즉 배양하는 연구를 진행하고 있었어요. 세균의 성질을 알아야 어떻게 질병을 일으키고, 어떤 동물, 그러니까 어떤 숙주에 문제를 일으키며 어떤 식으로 감염이 되는지 등을 알아낼 수 있기 때문에 많은 세균이 필요했거든요.

마침 플레밍이 연구하던 곳과 가까이 있는 다른 실험실에서 곰팡이로 알레르기를 예방하는 방법을 연구하고

있었어요. 곰팡이에 접촉된 사람이 알레르기 질환에 덜 걸린다는 속설이 있었거든요. 이런 실험에 사용되던 곰팡이가 플레밍의 연구실에 날아온 거예요. 곰팡이를 잘못 관리한 것이지요. 그런데 우연은 또 겹쳐 일어나고 말았어요. 플레밍도 세균을 제대로 관리하지 않은 거예요. 평소에는 세균을 배양하는 용기를 외부와 차단된 배양기에 넣어서 외부와의 접촉을 막았는데, 이날은 이를 하지 않고 퇴근하여 버린 거예요. 심지어 배양하고 있던 세균을 실험실 실험대에 올려놓고 플레밍은 휴가를 가 버렸지요.

휴가에서 돌아와서 보니 옆 실험실에서 배양하던 푸른곰팡이가 세균을 키우던 배지(세균의 증식, 보존, 수송 등을 위해 사용되는 액체 또는 고형의 재료)에 날아들었고, 이 곰팡이가 자라고 있는 부분에만 세균이 배양되지 않고 있었지요. 보통 사람이라면 해당 배지를 버렸을지도 모르는데, 플레밍은 달랐어요. 왜 특정 부위에만 세균이 자라지 않았는지를 곰곰이 생각한 거예요. 마침내 푸른곰팡이가 세균의 번식을 억제하는 어떤 성분을 내놓는다고 여기고 이를 꾸준히 연구하면서 알아내었어요. 무언가 다르게 나타난 현상을 놓치지 않는 예리한 관찰력이 있었던 거예요. 이 푸른곰팡이에서 추출한 물질이 인류가 처음 개발한 항생제 페니실린이에요.

페니실린의 발명이 우연이라고 비판하는 사람들도 있었어요. 우연히 날아온 곰팡이가 항생제라는 중대한 역사를 만들긴 했지만, 사실 그의 뛰어난 관찰력이 아니었다면 항생제 발견이라는 기회를 얻지 못할 수도 있었어요. 자연을 잘 관찰하고 여기에서 교훈을 얻는 것은 예나 지금이나 마찬가지랍니다.

Chapter 4
우리의 일상생활을 바꾼 현대의 감염병

인간면역결핍 바이러스(HIV)와 에이즈

세균과 바이러스가 우리 몸 안에 들어와서 어떻게 살아남는 걸까요? 우리 몸 안에는 면역계가 있어서 세균과 바이러스를 끊임없이 물리치려 하는데 말이에요. 아무런 감염병이 없는 사람의 경우 사실 피부나 점막 등 외부의 공기나 물 등과 접촉하는 곳에서는 세균 및 바이러스와 우리 몸의 면역계가 평화를 이루고 있어요. 건강한 사람이라도 손이나 발에 세균이나 바이러스가 있지만 안으로 침투하여 질병을 일으킬 정도는 아니라는 의미지요. 손이나 발뿐만 아니라 목구멍, 식도, 위장, 소장 및 대장 등과 같은 소화기관도 마찬가지예요. 면역력이 충분할 때에는 이런 세균이나 바이러스가 존재해도 아무런 질병이 나타나지 않지만, 우리 몸이 약해져 면역력이 떨어지면 세균이나 바이러스가 엄청나게 번식하면서 감염병이 생겨요.

그런데 바이러스 중에는 면역계를 침범하는 종류도 있어요. 비유하자면 한 나라를 지키는 군대를 침투하는 바이러스라는 말이에요. 군대가 무너지면 적들이 마구 침투할 수 있겠지요? 만약 바이러스가 면역계를 무너뜨린다면 우리 몸도 수많은 세균과 바이러스의 무차별적인 공격에 무방비로 노출되는 거예요. 이런 질병이 바로 인간면역결핍 바이러스(HIV)로 인해 발생하는 후천성면역결핍증, 즉 에이즈(AIDS)예요. 후천성이 붙은 걸 보면 선천성도 있겠지요? 아예 처음부터 면역계가 망가진 상태로 태어나는 것인데, 이런 상태가 나중에 후천적인 바이러스 감염으로 나타난 것이 바로 에이즈예요. HIV 바이러스가 우리 몸에 침투하면 다른 바이러스에 견줘 매우 오랜 기간의 잠복기를 거쳐 에이즈를 일으켜요. 우리 몸의 면역계가 약해질 때까지 기다렸다가 면역계를 파괴시키는 것이지요. 전쟁으로 말하자면 한참 전에 침투해 있다가 군대가 힘이 빠지면 후방에서 공격을 하는 셈이에요.

군대가 힘이 빠질 때까지 기다려야 하니, 잠복기는 10~20년 이상이 되곤 해요. 이 바이러스는 혈액이나 성관계를 통하여 전파가 돼요. 즉 에이즈에 걸린 사람의 혈액을 다른 사람에게 수혈하면 에이즈가 옮을 수 있었고, 에이즈에 걸린 사람과 성관계를 가지면 비록 가능성은 매우 낮지만 옮을 수 있

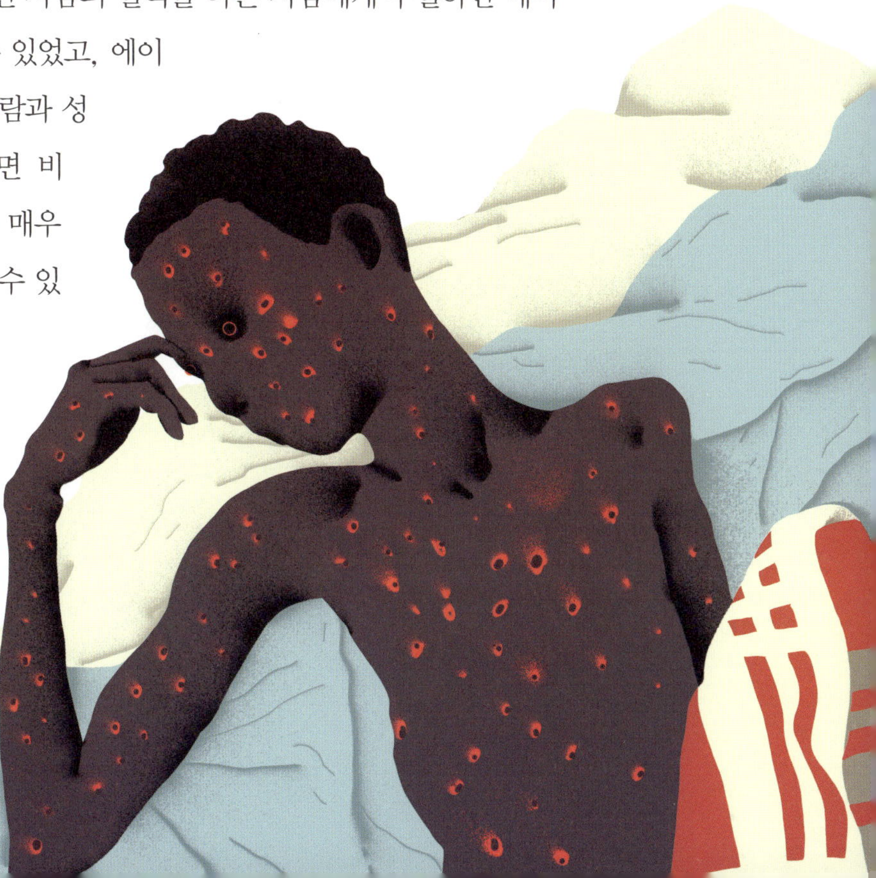

었어요. 과거에는 주로 수혈을 받으면서 에이즈에 걸리는 사례가 많았다면 최근에는 성관계를 통하여 감염되는 사례가 차츰 늘고 있어요.

과거에는 바이러스가 잠복해 있을 때에도 에이즈 환자라고 차별하고 사회에서 격리하여야 한다는 목소리가 높았어요. 그런데 지금은 여러 치료제가 나와서 치료를 받으면 다른 사람에게 옮기지도 않고, 치료제가 잘 들어서 에이즈에 걸린 뒤에도 20~30년 넘게 사는 사람들이 많아요. 과거에는 걸리면 죽는다는 인식까지 있었지만, 이제는 약물 치료로 잘 관리하면 감염되지 않은 사람들처럼 아무 문제 없이 생활이 가능해요. 하지만 약값이 비싼 것이 흠이어서 아시아나 아프리카의 가난한 이들이 약을 구하지 못하여 치료를 제대로 못 받는 문제가 있어요. 이들의 치료를 위해 여러 의료 구호단체들이 약값을 모금하여 치료를 받도록 돕고 있어요.

tip 일회용 주사기의 등장

요즘에는 한 번만 쓰고 버리는 일회용 주사기 사용이 당연하지만 과거에는 주사기를 재활용하여 사용하곤 했다. 주사기 비용이 만만치 않기도 했지만, 감염병에 대한 정보도 부족했기 때문이다. 유리로 만든 주사기를 한번 사용한 뒤 끓여서 멸균을 한 뒤 다시 사용했는데 충분히 끓이지 못한 경우도 있고, 끓여 소독하여야 한다는 사실을 잊기도 하는 바람에 주사기를 통하여 여러 감염병이 전파되었다. 플라스틱 재질의 일회용 주사기가 나오면서 주사기를 통한 감염병 전파는 많이 줄어들었다. 그러나 일회용 주사기를 반복하여 사용하는 경우가 아직 남아 있고, 또 일회용 주사기를 통하여 주사한 뒤 이 바늘에 찔리는 의료인도 적지 않아서 문제가 되고 있다. 이런 문제를 막기 위하여 여러 가지 일회용 주사기가 개발되었고, 주사 바늘을 안전하게 제거하는 기계 장치까지 나와 있지만 지금도 주사 바늘에 찔려 감염병에 걸리는 의사나 간호사 등 의료인이 종종 나오곤 한다. 혹시라도 의료 폐기물을 다룰 때는 각별한 주의가 필요하다.

살상력이 강해 무서운 바이러스, 에볼라

바이러스나 세균이 나오는 많은 영화를 보면 아주 강력한 독성을 가진 병원균이 등장해 사람들이 무차별적으로 죽는 장면이 나와요. 실제로 이런 일은 가능할까요?

인류의 역사에서는 무서운 감염병이 몇 차례 있었어요. 중세 시대에 유럽을 붕괴시키다시피 한 페스트가 그랬고, 1918년 스페인 등 유럽 지역에서 시작하여 전 세계에 퍼진 인플루엔자 바이러스가 그랬어요. 페스트는 물론 스페인 독감 유행 때에도 세계적으로 수천만 명이 목숨을 잃었지요. 세균이나 바이러스에 대한 정보가 별로 없었고, 어떻게 이들 병원균들이 감염을 전파하는지도 잘 몰랐던 시절이기 때문에 생길 수 있었던 일이에요.

심지어 페스트가 유행할 때에는 수많은 사람들이 교회에 모여 신에게 살려 달라거나 용서를 비는 기도를 올리면서 감염병이 더 많이 퍼지기도 했어요. 스페인 독감이 유행할 때에도 산업혁명 등으로 도시에 사람들이 갑자기 몰리면서 인구 밀도가 매우 높아지다 보니 감염병이 빠르게 퍼질 수 있었지요. 물론 두 감염병 유행 당시에는 항바이러스제나 항생제는 물론 각종 약품들도 없었어요. 고열이나 폐렴 등 각종 증상이 나타났을 때 이에 대처를 하면 생존 가능성을 높일 수 있었는데, 그 당시 의학 기술로는 불가능했어요.

그렇다면 현대에도 엄청난 살상력을 가지면서 전 세계에 퍼질 수 있는 감염병이 나타날 수 있을까요? 과거보다는 분명 바이러스나 세균에 대항할 수 있는 여러 무기를 가진 것은 사실이에요. 우선 세균이나 바이러스의 존재를 알고 있다는 것이 가장 중요해요. 이들이 어떻게 감염을 일으키는지 알고, 손을 씻으면 바이러스나 세균의 침입을 상당 부분 막을 수 있는 것도 알지요. 적극적인 예방법으로는 예방 접종이 있고, 항생제나 항바이러스제도 있어요. 또 증상에 따라 체온을 낮추고, 인공호흡을 하고, 수액을 공급하는 장치도 개발되어 있지요.

하지만 안심할 수는 없어요. 바이러스나 세균의 입장에서 보면 아주 강력한 무기가 생겼거든요. 바로 비행기와 같은 이동수단이에요. 과거에는 사람 사이에 감염을 일으키는 바이러스가 기껏해야 하루에 10~20킬로미터를 가면 끝이었어요. 철새를 통하여 이동한다면 그나마 멀리 이동하는데, 이는 계절이 맞아야 하는 한계가 있지요. 철새를 통해 이동하는 인플루엔자의 경우 주로 겨울에 생기는 것도 이 때문이에요. 하지만 지금은 하루나 이틀이면 지구 전 지역에 도달할 수 있는 교통수단이 생겼어요. 사람과 함께 바이러스나 세균도 이동하는 거예요.

에볼라 바이러스는 사실 발견된 지 수십 년이 지났어요. 그런데 왜 수십 년 동안 별 문제가 되지 않았을까요? 결정적으로 이 바이러스가 이동할 수단이 없었던 거예요. 그리고 이동할 시간적인 여유도 없었어요. 에볼라 바이러스의 독성이 워낙 강하다 보니, 다른 사람에게 전파시키기 전에 감염된 사람이 사망하여 버렸으니까요. 이 때문에 기니 등 서아프리카 몇몇 나라에서만 종종 문제가 되는 감염병이었지요.

하지만 지금은 서아프리카 지역에도 문명의 이기인 각종 교통수단이 전파되었어요. 특히 오토바이가 크게 유행하였지요. 과거에는 에볼라 바이러스를 옮기기 전에 환자가 이미 사망하였지만, 이제는 오토바이와 자동차 덕분에 다른 마을에도 옮길 수 있게 된 거예요. 게다가 서아프리카 지역을 찾는 외지 관광객들도 많아졌어요. 그러다 보니 이 바이러스가 유행할 수 있는 터전이 마련된 셈이에요.

에볼라 바이러스도 그사이 좀 변했어요. 처음에는 에볼라 바이러스에 감염되면 거의 대부분 사망에 이르렀지만 이러다 보니 종족 번식이 어려웠던 거예요. 바이러스의 생존 목적은 사람을 죽이는 것이 아니라, 자신들의 종족 번식인데 번식도 시키기 전에 숙주가 죽어 버리니 개체 수가 늘어날 수가 없었지요. 그러다 보니 여러 사람에게 전파해 번식을 충분히 한 뒤 숙주를 죽게 만드는 종류가 더 많이 퍼진 거예요. 같은 에볼라 바이러스지만 전파를 많이 시키는 종류가 에볼라 바이러스에서 주류가 된 셈이지요.

하지만 여전히 에볼라 바이러스는 다른 많은 바이러스보다는 강력해요. 서아프리카 지역을 여행하는 것을 국가 차원에서 자제하도록 권고하고 있는 것도 이 때문이에요. 어찌 되었든 우리나라는 아프리카 국가나 아프리카 사람들과는 상당히 떨어져 있기 때문에, 에볼라 바이러스를 만나면 사실상 적을 전혀 모르는 상태에서 면역계가 싸워야 하는 문제가 있어요. 적을 모르니 우리 면역계가 무너지면서 감염될 기회가 많다는 의미예요.

사스 때문에 홍콩 병원에 감금된 사람들

2002년 중국에서 새로운 감염병이 발견돼요. 중증급성호흡기증후군이라는 이름의 이 질환은 영어 약자를 따서 사스(SARS)로 불렸어요. 감기나 폐렴 같은 호흡기 질환을 일으키는 코로나 바이러스의 돌연변이가 이 질환의 원인이지요. 새로운 바이러스가 나타나면 생기는 문제는 우리 몸의 면역계가 이에 대하여 제대로 대처를 하지 못한다는 거예요. 그래서 신종 감염병이 무서운 것이지요.

사스 역시 기존에 충분히 알려져 있던 코로나 바이러스가 원인이었으나 변종이 되어 버렸으니, 당장 대처할 방법이 만만치 않았어요. 당시 우리나라 사람 중에 중국에 유학 가 있던 학생들이 돌아오기도 했고, 중국에서 오는 비행기나 선박에 대하여 철저한 검역을 하기도 했어요. 이런 노력 때문인지 사스는 국내에서 단 한 명의 사망자도 생기지 않았지요. 대신 어느 나라든지 우리나라와 교류가 활발한 나라에서 감염병이 생기면 국내에서도 철저히 대비하여야 한다는 교훈을 얻었어요.

사스 유행 당시 무서운 일도 있었어요. 홍콩의 한 병원에서 사스 환자가 생겼는데, 홍콩 보건 당국은 병원을 봉쇄하기로 결정해요. 2020년 중국에서 코로나19가 한창 유행하자 중국 보건 당국이 인구 1천만 명이 넘는 도시 우한을 봉쇄해 아무도 들어가거나 나오지 못하게 한 것처럼 병원을 봉쇄한 거예요. 병원에 있는 사람들이 병원 밖으로 나올 수 없어서 병원 밖 사람들에게 감염시킬 위험은 없어졌지요. 문제는 사스 환자뿐만 아니라 다른 질환을 앓고 있는 환자와 이들을 돌보는 의료진, 병원 종사자까지 그대로 병원에 사실상 갇혀 있어야 한다는 사실이었어요.

우리나라도 메르스나 코로나19 유행 때 환자가 생긴 병원이 일시적으로 문을 닫기는 했지만 해당 병원에 입원해 있는 환자들은 다른 병원에 이송시켜 치료를 받게 하거나 감염병 환자와 접촉하지 않은 병원 의료진 및 종사자들은 출입이 가능하게 해서 이것과는 큰 차이가 있어요. 사스 유행 당시 홍콩 당국의 병원 봉쇄나 코로나19 유행 때 우한 지역 봉쇄는 일시적으로 감염병을 차단할 수 있을지는 모르지만, 감염된 환자가 병원을 가지 않거나 감염 환자의 치료를 병원이 거부하게 되어 오히려 감염이 확산될 우려가 있어요. 또 특정 지방을 봉쇄해도 이는 마찬가지의 부작용을 가져올 뿐이에요. 감염을 차단하는 것은 국민의 건강과 행복을 위한 정책 수행이어야지 국민의 동의도 얻지 못한 채 인권을 침해한다면 감염 차단이 성공적으로 이뤄지지 못할 가능성이 크답니다.

사육하는 닭이 전파시키는 감염병, 조류 인플루엔자

'여름 감기는 개도 안 걸린다.'는 말을 들어 본 적 있나요? 우리나라의 경우 감기는 주로 겨울철에 유행하기 때문에 여름에는 개마저도 감기에 잘 걸리지 않는다는 거예요. 개가 감기에 걸리는 것처럼 다른 동물들도 모두 감기 등 여러 바이러스 질환에 걸릴 수 있어요. 대표적인 사례가 바로 조류 인플루엔자예요. 영어로는 에이아이(AI)라고 부르는데, 의학계에서나 수의학 분야에서 AI라고 하면 인공지능이 아닌 조류 인플루엔자를 생각하면 돼요.

농가에서는 사육하는 닭이나 오리는 물론 동물원에서 기르는 새도 이 조류 인플루엔자에 감염될 수 있어요. 사람들이 인플루엔자에 감염돼 유행성 독감 증상을 나타내는 것처럼, 조류 인플루엔자에 감염된 닭들도 사망에 이르곤 해요. 물론 주변 닭들에게도 전파를 시키지요. 이 때문에 조류 인플루엔자에 감염된 닭이 한 농가에 생기면, 해당 농가의 닭은 물론이고 주변에 가까운 농가들의 닭도 모두 살처분하고 있어요.

아직 조류 인플루엔자에 감염되지 않은 닭이나 오리들까지 모두 죽여 땅에 묻다니, 사실 이런 정책이 정당한지에 대해서는 끊임없는 비판이 나오고 있어요. 또 조류 인플루엔자가 유행할 수 있는 이유 가운데 하나는 바로 매우 좁은 공간에서 많은 닭이나 오리를 사육하는 환경인데, 이런 사육 환경은 바꾸지 않고 조류 인플루엔자가 유행하면 살처분을 하는 것도 문제라는 지적도 있어요. 그런데 한 가지 생각해 볼 문제가 있는데, 바로 조류 인플루엔자에 사람도 감염될 수 있다는 거예요.

조류 인플루엔자를 두려워하는 이유는 닭이나 오리만 감염돼 죽는 것이 아니기 때문이에요. 우리나라에서는 아직 사례가 없지만, 동남아시아나 중국 등 다른 나라에서는 닭이나 오리 등을 키우던 농가에서 조류 인플루엔자에 감염된 닭이나 오리에게서 사람이 감염된 사례도 있었거든요. 그들 농가에서는 과거에 우리나라처럼 닭을 마당이나 밭에 풀어서 키웠고, 그 닭들이 집 안까지 들어오는 경우도 많았나 봐요. 즉 우리나라처럼 사육장에 가두어 두고 키우는 것이 아니라 마치 개나 고양이처럼 사람과 함께 생활했기 때문에 닭이나 오리를 직접 만지거나 그 분비물에 노출되는 경우

가 많았지요. 이러다 보니 산발적으로 조류 인플루엔자에 감염되어 중증으로 악화되는 경우가 있었어요.

가장 걱정스러운 것은 닭이나 오리 등 조류들이 걸리는 인플루엔자가 사람에게도 옮는데, 그것이 다시 다른 사람에게 전파되는 상황이에요. 즉 조류에서 사람, 사람에서 다른 사람에게 전파되는 상황인데, 이렇게 되면 걷잡을 수 없게 될 수도 있어요. 왜냐하면 사람에게 감염되는 인플루엔자에는 사람들이 어느 정도 면역력을 가지고 있는데, 조류 인플루엔자에는 그렇지 못하거든요. 사람 감염 인플루엔자는 자주 걸릴 뿐더러, 해마다 가을에 예방 접종을 받아요. 하지만 조류 인플루엔자는 거의 감염되지도 않아 우리 몸의 면역계가 적을 알 수 없는 상황이고, 예방 접종도 없어요.

잘 모르는 바이러스가 강한 독성마저 지니면서 전파도 잘된다면 큰일이겠지요? 이 때문에 조류 인플루엔자는 다소 잔인하다고 할 만큼 철저하게 대처하고 있지요. 살처분이 적절한 해결책이라고 말할 수는 없지만, 현재 상황에서는 어쩔 수 없는 면이 있어요. 좁은 공간에서 대량 사육하는 방식을 고치는 것이 살처분을 막는 좋은 방법일 수 있는데, 이에 대한 관심을 농가뿐만 아니라 소비자들도 가져야 닭이나 오리의 살처분을 막고 조류 인플루엔자 감염을 줄일 수 있을 거예요.

신종 플루의 유행

2009년 5월부터 그해 말까지 우리나라는 '신종 플루'라는 단어가 언론에 거의 매일 실릴 정도로 중요한 사회적 문제였어요. 인플루엔자는 보통 늦가을부터 이듬해 초봄까지 유행하는데 이 신종 플루는 2009년 일 년 내내 문제가 된 거예요. 4월 말, 미국 캘리포니아와 멕시코에서 기원한 것으로 보이는 인플루엔자 바이러스가 발견됐어요. 보통 인플루엔자 바이러스는 북반구의 경우, 즉 미국이나 우리나라를 비롯하여 유럽 대다수가 속한 지역에서는 겨울철에 유행하거든요. 빠르면 10월에 시작하여 이듬해 4월까지가 유행 기간이에요. 북반구는 이 기간이 겨울이고, 바이러스는 겨울철에 활동력이 강해지기 때문에 인플루엔자는 겨울에 유행하다가 4월 정도면 끝이 나지요.

그런데 인플루엔자 유행이 다 끝나가는 시점에 멕시코와 미국에서 인플루엔자가 새로 나타났어요. 특이한 현상이었고, 관련 전문가들이 다소 두려움까지 느끼던 상황이었어요. 이 때문에 이름을 짓는 과정부터 논란이 많았어요. 인플루엔자의 경우 세계적으로 유행하면 보통 해당 바이러스가 처음 분리된 곳의 이름을 붙여요. 과거 스페인 독감이나 홍콩 독감도 마찬가지였지요. 이 바이러스는 미국의 캘리포니아에서 처음으로 그 정체를 찾았어요. 이 때문에 처음에는 북미 독감 또는 캘리포니아 독감으로 부를 뻔했어요.

그런데 미국에서 이를 탐탁지 않아 했어요. 미국에서 신종 인플루엔자가 유행한다고 하면 수많은 축산물 수출에 방해가 된다는 여론이 있었지요. 게다가 이 인플루엔자가 돼지에서 비롯되었다는 이야기도 나왔거든요. 농축산업이 매우 발달한 미국의 입장에서는 닭이나 오리는 물론 돼지까지 수출할 수 없는 상황이 될 수도 있었어요. 일부 전문가들은 이 독감이 A형 인플루엔자 바이러스에 감염된 돼지에서 비롯되었기 때문에 북미 돼지 독감으로 부르자는 의견을 내기도 했는데, 이에 대하여도 미국의 축산 농가들이 강하게 반대했어요. 이러다 보니 북미 독감이나 캘리포니아 독감이 아닌 신종 인플루엔자가 되었고, 국내에서는 이를 다시 줄여 '신종 플루'가 되어 버린 것이지요.

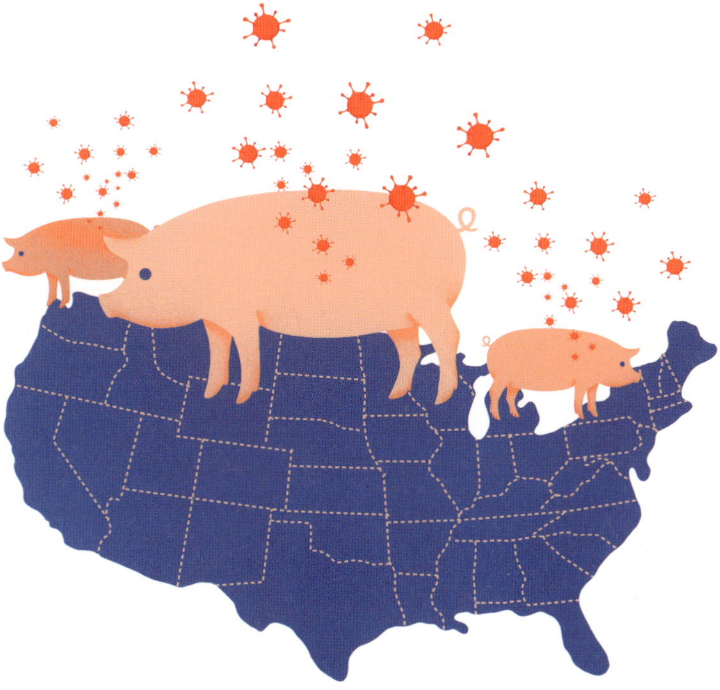

이름이 신종으로 붙다 보니 많은 사람들이 매우 두려워하는 감염병이 되었어요. 하지만 이후 검사에서 이미 인플루엔자 질환을 앓았던 사람들 가운데 상당수가 이 신종 플루에 대해서도 면역력을 가지고 있었던 것으로 나타났지요. 해마다 인플루엔자 예방 접종을 받았거나 인플루엔자 바이러스에 감염되어 유행성 독감을 앓은 사람들 가운데 일부가 신종 플루라고 이름이 붙은 이 인플루엔자 바이러스에 대하여도 면역력을 가지고 있었던 거예요.

게다가 신종 플루는 홍콩 독감이나 아시아 독감 그리고 1910년대 후반에 악명을 떨쳤던 스페인 독감에 비교하여 볼 때 독성이 강하지 않았어요. 당시 북반구 나라들 대부분에서 유행을 하였지만 중증이나 사망자가 많지 않았어요. 이 때문에 신종 인플루엔자라는 이름만 붙어 너무 겁을 먹었다는 지적도 나왔어요. 2010년에 이 신종 인플루엔자는 국내에서 또 다시 소규모 유행을 일으켰는데, 이때에는 신종 인플루엔자 대신 '캘리포니아 A형 인플루엔자'로 불렀어요. 같은 인플루엔자 바이러스인데 1년 사이에 이름이 바뀐 것이지요. 2010년에는 원래 이름을 찾아간 거예요.

사실 2009년 신종 플루의 유행을 잘 넘긴 데에는 우선 신종 플루의 독성 자체가 낮았고, 감염되는 대상인 사람들의 입장에서는 이미 면역력을 가진 사람들이 많았기 때문이에요. 또 예방 접종이나 항바이러스제 등 인플루엔자에 대항할 수 있는 의료 기술이 있었기 때문이기도 해요. 인플루엔자는 해마다 늦가을이면 우리 곁에 찾아오니, 앞으로도 대비를 계속해야겠지요.

낙타 독감, 메르스

2015년 한 해 가장 많은 관심을 받은 질환은 바로 메르스(MERS)예요. 우리말로는 중동호흡기증후군이라 하는데 일부에서는 낙타 독감으로 부르기도 해요. 왜냐면 낙타 몸에 사는 바이러스가 우리 사람에게 전파되면서 걸리는 질환이기 때문이에요. 우리나라를 비롯하여 서양의 많은 나라에서는 최근에 메르스를 알게 되었지만, 중동 지역에서는 예전부터 낙타와 함께 생활하였기 때문에 낙타로 인한 호흡기 질환의 정체를 알고 있었을 것으로 보여요. 하지만 낙타가 사막에서는 주요한 이동 수단이며, 또 낙타 젖이나 고기도 중요한 식량이었으므로 낙타로 인한 호흡기 질환에 걸려도 중동 사람들은 이를 견뎌 냈을 거예요. 감염병이라는 단점과 식량 및 이동 수단이라는 장점 가운데 상대적으로 장점이 더 컸던 것이지요.

이처럼 메르스는 아주 오래전부터 있었겠지만, 세계보건기구(WHO)를 통해 세계적으로 메르스의 위험성을 알게 된 것은 그리 오래되지 않았어요. 사실 메르스가 얼마나 위험한지, 어떻게 전파되는지 등에 대한 정보가 충분하지 않은 상황이었지요. 이런 와중에 2015년 5월, 메르스 바이러스는 우리나라 사람에게 감염을 일으킨 뒤 비행기를 타고 우리나라로 날아들어요. 메르스에 대하여 공항이나 항만 등에서 검역을 하고 있었지만, 메르스에 대한 경험이 없었던 터라 이 환자는 공항에서 메르스로 의심받지 않았고 격리되지도 않았어요. 증상이 마치 감기 환자 같았거든요. 이 환자는 호흡기 증상이 나타나 병원을 찾았는데 진단이 제대로 내려지지 않아 여러 병원을 찾은 끝에 서울의 한 대형 종합병원에서 메르스로 진단받았어요. 이때부터 이 환자는 다른 환자들은 물론 보호복을 입지 않은 의료진과는 접촉할 수 없도록 격리됐어요.

그러나 이후에 메르스는 걷잡을 수 없이 번져 나갔어요. 이 환자가 메르스로 진단받고 격리되기 전에 이미 입원하였거나 외래로 방문한 병원이 여럿 있었던 거예요. 그러다 보니 그 병원들에서 여러 명에게 감염시켰고, 그 환자들이 또 다른 환자들에게 전파하다 보니 국내에 심각한 문제가 된 거예요. 결국 186명의 환자가 생겼고, 이 가운데 38명이 숨졌어요. 안타까운 사고였지만, 메르스 유행에서 교훈을 얻어 그 뒤 국내에서는 감염병에 대한 대처 수준이 매우 높아졌어요.

실제 2018년 가을에도 메르스 환자가 국내에 들어왔는데, 이 환자는 중동을 다녀온 사실을 의료진에게 알렸고 해당 의료진이 신속하게 메르스를 신고하여 곧바로 격리 치료를 받았어요. 그 덕분에 다른 환자나 의료진에게 전파시키지 않았고, 이 환자도 치료가 잘되어서 무사히 퇴원하였지요. 우리 속담에 '소 잃고 외양간 고친다'는 말이 있는데, 사실 다시 소를 잃지 않기 위해서라도 첫 사고가 발생한 뒤 외양간을 제대로 고쳐야 해요. 2015년 메르스 유행 뒤 국내의 감염병 대처 능력이 향상된 것은

2018년 메르스 환자 입국으로 어느 정도 증명되었지만, 사실 비행기로 이동이 가능한 요즘에는 메르스와 같은 외국의 감염병이 훨씬 빠르게 전파될 수 있기 때문에 철저한 대비 태세는 아무리 강조하여도 지나치지 않아요.

지카 바이러스와 소두증 아기

2016년 브라질 리우에서 올림픽이 열렸어요. 그런데 브라질 올림픽 하면 많은 사람들이 떠올리는 질환이 있는데, 바로 지카 바이러스로 인한 소두증이에요. 여성이 지카 바이러스에 감염된 채 임신을 하거나 임신하였을 때 이 바이러스에 감염되면 태아의 머리가 비정상적으로 작은 소두증 상태로 태어날 위험이 있어요. 작은머리증이라고도 불리는 소두증은 단순히 머리가 작은 것이 아니라, 머리뼈가 자라지 못하면서 뇌 성장을 방해하고 뇌의 기능 장애도 나타나는 질환이에요. 지카 바이러스는 남성의 정액에도 들어 있는 것으로 알려져 있어 남성들도 주의해야 해요. 이 바이러스에 감염된 남성이 성관계를 통해서 여성에게 감염을 전파시킬 수 있고, 혹시라도 이때

임신이 되면 태아가 뇌 이상을 겪거나 머리가 지나치게 작은 상태로 나올 수 있다는 말이지요. 이 때문에 젊은 남녀가 특히 주의하여야 할 질환이에요.

이러다 보니 여러 나라 선수들이 올림픽 참가를 꺼리기도 했어요. 올림픽에 참가하였다가 혹시라도 지카 바이러스를 가진 모기에게 물린 뒤 아기를 갖게 되면 소두증을 가진 아이가 태어날 수 있기 때문이었지요. 리우 올림픽을 계기로 지카 바이러스는 세계적으로 널리 알려졌어요. 지카 바이러스를 옮기는 모기는 흰줄숲모기인데, 사실 이 모기는 우리나라에도 많이 있어요. 산이나 숲속에서 살고 몸통에 얼룩말처럼 흰줄과 검은 줄이 반복되어 나타나는 모기예요. 그런데 국내의 흰줄숲모기에는 지카 바이러스가 없어요. 우리나라에서 이 모기에 물리면 피부가 가렵고 붓거나 빨개지기만 할 뿐이지요. 하지만 브라질이나 동남아시아 등에서 이 바이러스를 가진 모기에 물리면 지카 바이러스 감염증이 나타날 수 있어요.

놀랍게도 사람을 위협하는 가장 무서운 곤충은 모기예요. 전갈처럼 강력한 독을 가진 곤충이나 심지어 코브라나 독사도 모기처럼 많은 사람을 죽이지는 않아요. 모기는 지카 바이러스 외에도 말라리아, 일본 뇌염과 같은 치명적인 질병을 옮기기도 해요. 조그맣다고 무시하기에는 너무 무서운 질병을 일으키는 곤충이지요. 전 세계적으로 모기만 퇴치하여도 감염병의 상당 부분을 퇴치하는 것이라는 추정도 있을 만큼 모기가 옮기는 감염병은 많답니다.

세계보건기구가 팬데믹을 선언한 코로나19

2019년 중국 우한에서 처음 확인된 후 2020년 전 세계를 감염병 위기로 몰아넣으며 세계보건기구(WHO)가 팬데믹을 선언하게 만든 바이러스는 무엇일까요? 바로 코로나 바이러스예요. 코로나 바이러스는 새로운 감염병을 일으키는 주요 원인 가운데 하나인데, 앞서 2002년 말 유행했던 사스나 2015년 메르스의 원인 바이러스예요.

코로나 바이러스는 전자 현미경으로 관찰한 모양이 왕관에서 위로 뾰족하게 튀어나온 장식 부분과 닮았다고 해서 이런 이름이 붙었어요. 코로나(Corona)는 라틴어로 '왕관'이라는 뜻인데, 코로나 바이러스는 공과 같은 구의 표면에 돌기가 나와 있는 형태이지요. 메르스나 코로나19는 사람들이 그동안 접하지 못했던 새로운 바이러스로 많은 사람들에게 해를 입혔지만, 원래 코로나 바이러스는 흔히 겨울철 감기를 일으키는 주요 바이러스 가운데 하나랍니다.

2020년 초부터 유행하였던 코로나 바이러스의 이름이 여러 차례 바뀐 사실은 혹시 알고 있나요? 코로나19는 처음에는 새로운 종류라고 하여 신종 코로나 바이러스나 최초 발생지인 중국의 우한 이름을 넣은 우한 폐렴 바이러스로 불렸답니다. 일부에서는 박쥐가 옮긴다 하여 박쥐 코로나 바이러스로 부르기도 했고요. 그러다가 세계보건기구가 최종적으로 코비드19(Covid-19, **Co**rona **Vi**rus **D**isease 20**19**)로 명명하였는데, 국내에서는 간편하게 코로나19로 부르고 있답니다.

과거에도 세계적으로 유행하는 감염병의 경우는 이름을 달곤 했는데, 2009년 신종 플루는 처음에는 돼지 독감으로 부르다가 나중에는 신종 인플루엔자라고 불렀어요. 2010년에 신종 인플루엔자가 다시 유행하여 많은 사람들에게 감염을 일으켰을 때에는 캘리포니아 A형 인플루엔자로 이름이 변하기도 했는데, 신종 인플루엔자의 정체를 처음으로 규명했던 캘리포니아 지명을 딴 거예요. 이처럼 인플루엔자는 예전에는 대부분 지명을 이름을 넣는 경우가 많았어요. 1918년 발생한 스페인 독감이나 1968년 처음 발병한 홍콩 독감 같은 이름이 대표적이에요. 코로나 바이러스의 한 종류인 메르스의 경우 우리말로는 중동호흡기증후군, 즉 중동 지역에서 유행하는 바이러스라고 명명이 되기도 하였죠.

이처럼 지명이나 동물 이름이 들어가면 혐오와 차별을 일으킬 수 있기 때문에 세계보건기구는 이번에 유행한 코로나 바이러스의 명칭을 '코비드19'라고 정했어요. 예를 들어 돼지 독감이라고 부르면, 사람들이 돼지를 감염병의 원인이라 여겨 모조리 죽이는 잔인한 사태가 벌어질 수 있어요. 만약 사육하는 돼지가 문제라면 근본적인 해결을 위해서는 돼지를 기르지 않는 방법을 써야 하는데, 그저 돼지를 집단 도살하는 것은 토양과 지하수 오염 등 또 다른 문제를 부를 수 있을 뿐만 아니라 감염병 예방에는 큰 도움이 되지 않는답니다.

tip

세계적인 감염병의 대유행, 팬데믹

팬데믹(pandemic)은 그리스어로 전체를 뜻하는 '팬(pan)'과 사람을 의미하는 '데모스(demos)'가 합쳐진 말로, 모든 사람이 감염병의 위험에 놓이는 세계적인 대유행 상태를 말한다. 세계보건기구(WHO)의 감염병 경보 단계에서 최고 등급인 6단계가 팬데믹인데, 팬데믹을 선언하려면 감염병이 2개 대륙 이상으로 번져야 한다. 1948년 세계보건기구가 설립된 이후 지금까지 팬데믹을 선언한 경우는 2020년 코로나19를 포함하여, 1968년 홍콩 독감과 2009년 신종 플루까지 총 세 차례다.

또 홍콩 독감이나 우한 코로나로 부르게 되면 홍콩이나 우한 지역 사람들을 차별하는 문제가 생겨요. 감염병을 옮긴 사람들이니 그럴 수 있다고 생각을 하는 사람들도 있겠지만, 감염병을 생물학적 무기처럼 의도적으로 유포시킨 경우가 아니라면 감염병에 걸린 환자들 역시 피해자예요. 다른 사람들이 감염되지 않도록 사람들과 접촉을 차단, 즉 격리는 할 수 있어요. 하지만 격리하더라도 그들 역시 최선의 치료를 통해서 감염병을 극복하도록 우리 사회가 도와야 하는 환자랍니다.

만약 감염병이 무서워 어떤 특정한 사람들을 죄인 취급하면 어떻게 될까요? 감염병보다는 사람들의 낙인이나 비난이 무서워 숨게 되기 일쑤예요. 그럼 누가 감염병에 걸렸는지 알 수 없어서 보건 당국이나 의료진은 더욱 난관에 빠지게 되고, 감염은 모르는 사이 더 많이 퍼지게 되지요. 결국 감염병에 걸린 이들이 스스로 신고하고 제대로 치료받도록 도와야 우리 사회 전체가 감염병 위기로부터 안전을 찾아갈 수 있어요. 이처럼 바이러스 이름 짓는 데에도 많은 것들을 감안해야 한답니다.

COVID
19

암을 일으키는 바이러스도 있다?

암은 우리나라 사람들의 사망 원인 1위인 무서운 질환이에요. 서양인들의 경우 심장 및 혈관 질환으로 숨지는 사람들이 가장 많은데, 우리나라도 점차 서양인들과 비슷한 생활 습관을 가지다 보니 최근 들어 암에 걸리는 사람들이 줄고 있고 심장 및 혈관 질환으로 사망하는 사람들은 늘고 있어요. 그런데 어떤 암은 바이러스와 관련이 있어요. 암을 일으키는 바이러스가 있거든요. 우리나라 사람들이 많이 걸리는 암 가운데 남성은 간암이 꽤 높은 순위를 차지하고 있어요. 여성의 경우에는 자궁경부암이 2000년대 초반까지만 하여도 1위를 차지할 정도로 많았지요. 이 두 가지 암 모두 바이러스와 관련이 있어요.

먼저 간암의 경우, 간염을 일으키는 바이러스에 감염되면 약 20년이 지나서 일부 환자들에게서 간암이 발생해요. 우리나라 사람들은 특히 B형 간염이 많았는데, 요즘에는 태어난 뒤 수개월 안에 이 간염 바이러스에 대한 예방 접종을 하고 있어요. 이 예방 백신은 1980년대 후반에 나왔기 때문에, 그 이전에 백신이 없을 때 태어난 사람들은 B형 간염 바이러스를 가진 경우가 많았어요. 게다가 이 바이러스에 감염된 엄마가 아이를 낳으면 아이도 이 바이러스를 물려받았어요. 이를 의학적인 용어로는 '수직 감염'이라고 하는데, 이 B형 간염 바이러스가 수직 감염되는 대표적인 바이러스예요.

요즘은 B형 간염이 거의 사라지는 추세다 보니, 우리나라에서 간암에 걸리는 사람도 줄기 시작했어요. 그런데 그 자리를 이제는 C형 간염 바이러스가 차지하고 있어요. 최근 들어 이 바이러스 감염이 계속 늘고 있거든요. 재밌는 것은 이 C형 간염 바이러스도 서양에서는 B형보다 훨씬 많았는데, 우리도 그런 추세로 가는 셈이지요. C형 간염 바이러스에 감염되어도 10~20년 지나면 간암에 걸릴 수도 있어요. 게다가 C형 간염 바이러스에 대해서는 예방 백신이 없어서 걸리지 않도록 주의하는 것이 중요해요. 주로 일회용 주사기를 반복해서 쓰거나, 바이러스에 오염된 혈액을 수혈받을 때 생기니까 이런 일을 차단시키도록 해야 해요.

과거에 우리나라 여성들이 가장 많이 걸리는 암이었던 자궁경부암도 바이러스와 관련이 큰 암이에요. 자궁경부암의 위험 원인이 바로 인간 유두종 바이러스예요. 자궁경부암뿐만 아니라 사마귀, 염증 등 다른 질환도 일으키는 이 바이러스에 감염되면 역시 10~20년이 지

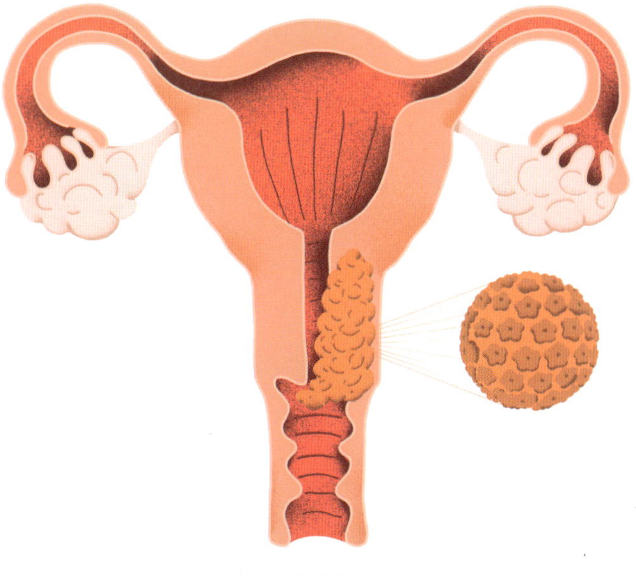

나 자궁경부암에 걸릴 위험이 크게 높아지지요. 최근에는 이 바이러스의 감염을 예방하는 백신이 나와 있어요. 현재 우리나라에서는 초등학교 6학년에서 중학교 1학년 여학생을 대상으로 무료 예방 접종을 지원하고 있어요. 다만 이 예방 백신을 접종받은 뒤 여러 부작용이 나타났다는 보고가 있어서 백신 접종을 꺼리는 사람들도 있어요.

tip

예방 접종과 집단 면역

예방 접종을 받지 않았는데도 수두나 홍역에 걸리지 않는 이유는 뭘까? 가장 큰 이유는 수두나 홍역이 옛날처럼 유행하지 않기 때문이다. 과거에 홍역이 유행할 때에는 한 마을에서 수십 명이 홍역으로 사망하기도 했는데, 지금은 예방 접종을 하기 때문에 홍역이나 수두가 유행하지 않는 것이다. 보통 한 사회에서 어느 감염병에 면역력을 가진 비율이 80퍼센트가량이면 해당 감염병은 유행하지 않는다는 보고가 있다. 이를 '집단 면역' 또는 '군집 면역'이라고 한다. 이런 집단 면역을 가진 사회에서는 예방 접종에 대하여 과민반응이 있거나 알레르기가 있어 받을 수 없거나 예방 접종을 받아도 항체가 생기지 않아 면역력을 가지지 못하는 사람들도 감염병의 위험에서 벗어날 수 있다.

남학생은 이 백신을 접종하지 않고 있어요. 하지만 오스트레일리아 등 일부 나라에서는 여성에게 이 바이러스를 옮기지 않도록 접종을 받게 하고 있기도 해요. 우리나라도 언젠가는 남학생도 이 접종을 받도록 할지도 몰라요. 다만 이 예방 백신의 경우 모든 인유두종 바이러스의 감염을 예방할 수 있는 것은 아니에요. 이 바이러스의 종류가 많은 편인데, 현재 암을 많이 일으키는 몇 가지만 예방할 수 있어요. 나중에 자궁경부암을 일으키는 바이러스의 종류가 달라지면 예방 접종을 통한 암 예방 효과가 떨어질 수 있다는 사실은 기억할 필요가 있어요.

생물 무기와 세균

전쟁을 하다 보면 승리를 위해 온갖 방법을 동원하게 되고 때론 야비한 방법도 서슴지 않아요. 눈에 보이지도 않는 세균이나 바이러스도 전쟁에 사용하기도 하지요. 만약 매우 독성이 강하면서 사람들에게 잘 전파되는 세균이나 바이러스를 적에게 보낼 수 있다면 말 그대로 '총 한 번 쏘지 않고' 전쟁에서 이길 수 있으니까요.

실제로 제2차 세계대전과 1950년 한국 전쟁에서 세균 무기가 쓰인 것으로 알려져 있어요. 비행기를 이용해 세균이나 바이러스를 가지고 있는 벼룩이나 이 등을 적진에 무차별적으로 살포하는 거지요. 이렇게 되면 각종 감염병에 걸린 병사들이 더 이상 전쟁에 참여하기 힘들어져 저절로 무너진다는 거예요. 더 큰 문제는 감염병으로 아픈 병사들을 치료하는 의료진이나 이들을 보살피는 가족들도 이 감염병에 걸린다는 거예요.

아무리 전쟁을 한다고 하여도 전투에 참여한 병사 이외의 민간인들은 살상하지 말아야 한다는 원칙이 생물학적 무기에서 완전히 무너진 것이나 다름없었지요. 이 때문에 전쟁이 끝난 뒤 사람들은 모여서 생물학적 무기나 이와 같이 수많은 사람들을 살상하는 화학 무기를 사용하지 말자고 결의해요. 하지만 결의 뒤에도 생물학적 또는 화학적 무기를 사용하였다는 의혹은 계속 나오고 있어요.

바이러스 질환 가운데 생물학적 무기로 쓰일 가능성이 매우 큰 것으로 의심받는 것이 하나 있어요. 바로 세계보건기구(WHO)가 벌써 수십 년 전에 박멸 선언을 한 천연두예요. 인류 최초의 예방 접종인 우두 접종 덕분에 이 질환에 걸리는 사람들이 없어졌고, 천연두는 마침내 인류의 곁에서 사라졌어요. 벌써 오래전부터 천연두 예방 접종은 하지 않고 있어요. 이는 다시 말하

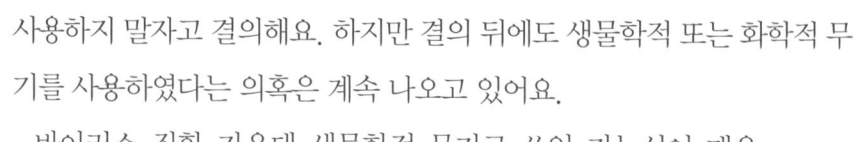

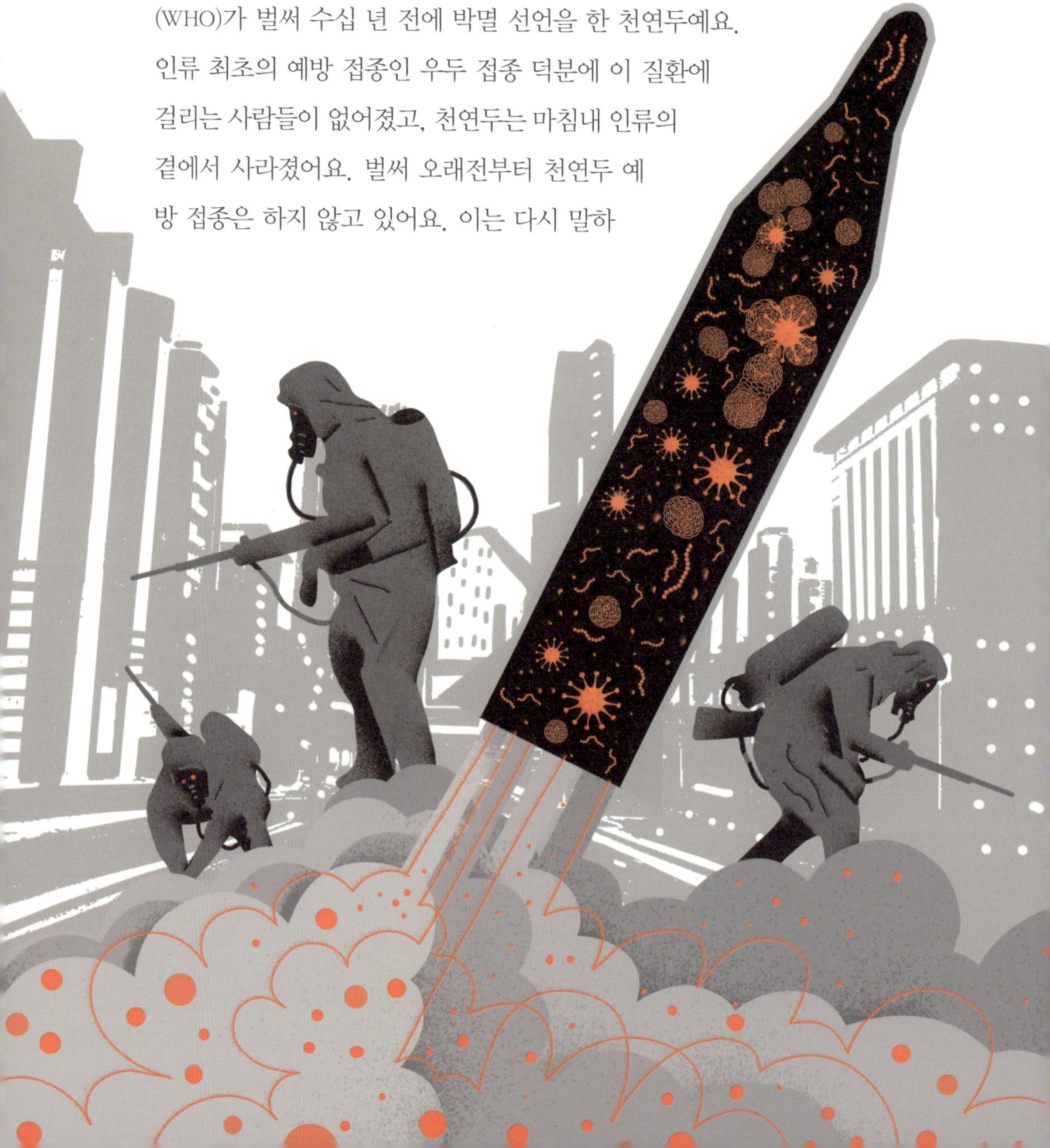

tip

예방 접종을 받을 수 없는 사람도 있다?

해마다 시월이면 인플루엔자 바이러스에 대한 예방 접종이 대대적으로 실시된다. 그런데 이 예방 접종은 달걀 알레르기가 있으면 안 된다. 달걀을 먹거나 만졌을 때 가렵거나 두드러기가 나고 심한 경우 호흡곤란과 같은 증상이 나타난다면 이 예방 접종을 받을 수 없다. 달걀과 인플루엔자가 무슨 관련이 있는 걸까? 예방 접종은 이미 죽었거나 힘이 약한 바이러스나 세균을 우리 몸에 주사해 면역력을 기른다. 따라서 예방 접종을 만들려면 병균이 필요한데, 인플루엔자 바이러스의 경우 달걀에서 이 바이러스를 길러서 대량으로 생산해 낸다. 그렇기 때문에 인플루엔자 예방 접종에는 달걀 성분이 섞여 있을 수 있고, 달걀에 알레르기가 있는 경우 이 백신을 맞지 못한다.

면 과거 어린 시절에 천연두를 앓았던 일부 노인들과 천연두 예방 접종을 받았던 중년층을 제외한 나머지는 천연두에 대해 무방비 상태라는 것이지요. 이 때문에 천연두의 경우 언제든 강력한 생물학적 무기로 쓰일 수 있다는 경고가 나와요. 이는 공공연한 비밀이기는 하지만 우리나라를 포함하여 많은 나라에서 천연두 예방 백신을 아직도 비축하고 있는 이유이기도 하지요. 혹시 모를 전쟁에 대비해야 하니까요. 물론 천연두와 같은 질환을 전쟁에 활용하는 일은 없어야겠지요.

생각발전소

바이러스로 암을 치료한다

바이러스 학자 중에는 바이러스가 암 치료에 획기적인 기회를 마련할 수 있다고 주장하는 이도 있어요. 바이러스와 암이 여러 측면에서 닮았다는 것이지요. 최근 들어 암으로 사망하는 사람들의 비율이 차츰 감소하고 있지만, 여전히 우리나라 사람들의 사망 원인 1위가 암이에요. 암이 외부에서 들어온 것이라고 생각하는 사람이 많은데, 실제로는 원래 우리 몸에 있었던 정상 세포가 돌연변이를 일으킨 거예요. 위장을 구성하는 한 종류의 세포들 가운데 돌연변이가 생겨서 암 세포로 바뀌고 점차 커져 덩어리를 이루면 이를 위암으로 부르지요.

그럼 왜 정상 세포가 암 세포로 바뀌는 걸까요? 현재까지는 여러 원인이 함께 작용하는 것으로 보고 있어요. 우선 타고난 유전도 작용하고, 과음이나 흡연 등 생활 습관도 중요한 원인이며, 대기 오염 같은 주변 환경도 강력한 이유예요. 여기에 바이러스가 원인이 되는 암들도 있어요. 이들이 동시에 또는 한 원인이 크게 작용해 우리 몸의 세포가 돌연변이를 일으켜 암이 생겨요. 예를 들어 대장암 가운데에는 100퍼센트 유전되는 종류도 있고, 폐와 심장에 생기는 한 종류의 암은 거의 대부분 원인이 석면이에요. 바이러스가 원인으로 작용하는 암은 현재까지 밝혀진 바로는 간암, 자궁경부암, 일부 림프암 등이에요. 각각의 암을 일으키는 바이러스는 종류가 다르기는 한데, 바이러스에 감염된 뒤 여러 해가 지나면 암이 생길 가능성이 높아져요.

그러면 바이러스가 암 치료에 도움을 줄 수도 있을까요? 우선 바이러스와 암은 비슷한 점이 많아요. 바이러스는 암처럼 돌연변이가 잘 나타나요. 암 세포도 돌연변이로 만들어졌기 때문에 돌연변이라는 공통점이 있지요. 또 암 치료를 위해 항암제라는 약을 쓰는데, 이미 돌연변이가 된 암 세포가 또 유전자 변이를 일으켜 항암제의 효능을 극복하기도 해요. 마치 바이러스가 항바이러스에 대하여 내성, 즉 항바이러스제를 피하는 방법을 획득하여 아무리 약을 써도 죽지 않는 것과 마찬가지예요.

그렇다면 어떻게 바이러스를 이용해 암을 치료할까요? 바이러스의 특징이 자신이 가진 유전 물질을 다른 세포 안에서 복제하는 것인데, 바로 암 세포의 유전 물질로 이 바이러스가 들어가서 더 이상 암의 기능을 발휘하지 못하도록 하는 방법을 쓰는 원리예요. 항암제를 쓰면 정상 세포도 약의 독성에 영향을 받아서 각종 부작용에 시달리는데, 이렇게 바이러스를 이용하면 부작용 없이 암 치료 효과를 높일 수 있다는 이야기지요. 암 치료에 도움이 되는 유전자를 조작해 바이러스가 다른 세포에는 침투하지 않고 암 세포에만 침투하여 암 세포를 물리칠 수 있거든요. 원리는 단순하지만, 실제 의료 기술로 활용되기 위해서는 바이러스의 유전 물질을 조작하고 해당 세포에만 바이러스가 들어가도록 하는 등 몇 가지 관문을 통과해야 해요. 이 때문에 아직 의료 현장에서 쓰일 만큼 발전되지는 않았어요.

Chapter 5

영화 속의 감염병

〈연가시〉처럼 사람을 조종하는 병원균이 있을까?

영화 〈연가시〉는 기생충을 다룬 영화예요. 보기 드문 소재였지만 큰 인기를 끌었어요. 이 영화의 핵심은 기생충이 자신이 살고 있는 숙주를 조종할 수 있다는 내용인데, 원래 연가시라는 기생충은 메뚜기나 사마귀 등에서 기생하여 살면서 암컷과 수컷이 번식을 위하여 교미할 때에는 물이 있는 곳으로 숙주를 이동하도록 만들어요. 이 기생충이 특수한 물질을 내보내는데, 이 물질이 메뚜기의 뇌로 가서 특수한 작용을 하는 거지요. 마치 정신 기능에 영향을 주는 약을 먹은 것처럼 메뚜기가 물을 찾게 만드는 거예요.

원래 이 기생충은 물속에서 암컷과 수컷이 교미를 하는데, 숙주인 메뚜기나 사마귀, 여치 등은 물속이 아닌 풀숲에서 살기 때문에 일부러 물로 유도하는 것이지요. 풀숲에 살 때는 메뚜기에 기생하면서 자신의 몸을 키우면서 성장하다가 교미를 할 때에는 숙주가 죽든지 말든지 물속으로 뛰어들게 만들어요. 결국 메뚜기나 사마귀 등 연가시의 숙주는 물에 빠져서 죽는데, 나쁘게 말하면 이용할 대로 다 이용하는 진짜 기생충인 셈이지요. 다행히 사람에게는 연가시 같은 기생충이 기생하지는 않으니 너무 걱정할 필요는 없어요.

이 영화에서는 제약회사 직원들이 메뚜기 등에 사는 기생충인 연가시를 유전자 조작을 통하여 사람이 감염될 수 있도록 만들어요. 물론 이 연가시 감염을 치료할 수 있는 치료제도 만들지요. 그런 뒤에 사람들이 흔히 찾는 계곡에 이 연가시를 뿌려서 사람들이 감염되도록 해요. 많이 감염될수록 제약회사가 큰돈을 벌 수 있으니까요. 영화에서는 이 변형된 연가시에 감염된 사람들이 물속에 뛰어들어 결국 죽게 되는 장면을 무척 무섭게 그리고 있어요.

영화 속 주인공 가족도 계곡에 놀러 갔다가 변형된 연가시에 감염되지요. 그 이후로 물을 엄청 마시게 되는 증상을 보여요. 정부에서는 이런 기생충에 감염된 사람들을 한꺼번에 체육관 같은 데에 수용하는데, 물을 마시기

위하여 강물이나 바다에 뛰어드는 것을 방지하기 위한 정책이었던 셈이에요.

감염병을 다루는 많은 영화에서는 감염된 사람들을 격리해 수용하는 공간이 항상 나와요. 현재까지는 감염된 환자의 격리가 가장 일차적인 감염 대책이라서 그렇게 하는데, 중요한 것은 격리된 사람은 죄인이 아니라는 점이에요. 환자 역시 감염병에 걸린 피해자인 셈이에요. 최근에는 감염병에 걸려 격리를 당하는 사람들의 인권에 대한 사회적인 요구가 높아졌어요. 체육관에 함께 모여 누구에게나 공개된 곳에서 자고 식사를 하는 것도 인권에 대한 의식이 낮았던 시대의 이야기지요.

물론 격리된 이들 역시 격리 수칙을 제대로 지켜야 한답니다. 자칫 다른 사람들을 감염시킬 수 있고 감염이 확산되어 공동체 전체를 위험에 빠뜨릴 수 있기 때문이에요. 2020년 세계적으로 코로나19가 유행하면서 국내에서는 격리된 이들이 격리 조치를 어겼을 때 처벌하도록 법적 조치를 강화하기도 했지요. 하지만 법적 조치에 앞서 남들에게 피해를 주지 않고 감염이 확산되지 않도록 노력하는 것이 감염병으로부터 우리 모두를 보호하는 방법이라는 걸 잊지 말아야 해요.

영화 〈연가시〉에서는 가족들을 구하기 위한 주인공의 노력으로 기생충을 퇴치할 수 있는 약을 만드는 데에 이르러요. 사실 감염병과 같이 한 국가를 위협할 수 있는 상황에 대해서는 정부가 제대로 된 대책을 만들어야 하는데, 정부가 감염병 대책에 매우 허술하다는 것을 지적하고 있는 셈이지요.

〈부산행〉의 좀비처럼 빨리 번지는 바이러스가 존재할까?

좀비는 주로 미국에서 영화 소재로 쓰이면서 국내는 물론 세계적으로 널리 알려지게 되었어요. 지금은 어린아이들도 좀비를 알지만, 과거에는 좀비라는 말조차 몰랐어요. 좀비는 과거 서아프리카 지역에서 일종의 '신'을 가리키는 말이었다고 해요. 그러다가 그 지역에서 공포 이야기로 만들어지면서 죽었다가 다시 살아나는 시체를 뜻하는 말로 변했다고 하지요. 차츰 서아프리카 지역에 유럽 사람들이 자주 왕래하기도 하고, 서아프리카 사람들을 미국 대륙에 노예로 끌고 가면서 서양에 좀비라는 존재가 알려지게 되었고요.

영화 소재로 다루어진 것은 1960대 후반이에요. 영화로 만들면서 좀비가 또 달라지는데, 좀비가 된 사람이 다른 사람을 물면 그 역시 좀비로 변하는 설정이 나왔지요. 이후 각종 연재물로 만들어지는 등 좀비가 큰 인기를 끌었어요. 국내에서는 〈부산행〉이라는 영화에서 사실상 처음으로 좀비가 나왔는데 아주 인기가 높았지요. 그런데 〈부산행〉처럼 감염되면 몇 초 지나지 않아 바로 증상이 나타나는 바이러스도 있을까요?

사실 현재까지 알려진 모든 바이러스는 잠복기라는 것이 있어요.

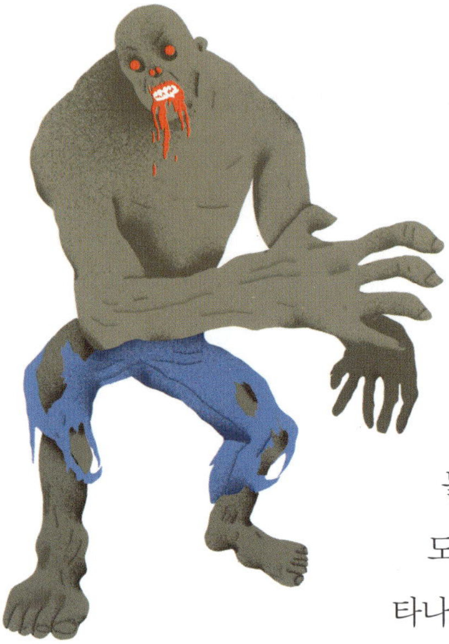

즉 바이러스가 몸에 들어와도 아무런 증상을 나타내지 않는 기간이 있다는 뜻이지요. 감기나 기관지염 등 호흡기 질환을 일으키거나 설사, 장염 등 소화기계 질환을 일으키는 바이러스들이 보통 잠복기가 짧은 편인데, 그래도 18~24시간은 지나야 어떤 증상이 나타나요. 그 증상도 처음에는 미열, 목구멍의 통증으로 시작해, 더 심해지면 기침, 가래, 호흡곤란 등이 나타나요. 감염된 지 몇 초 만에 좀비로 변하게 만드는 바이러스는 사실 영화에서나 볼 수 있는 것이지요.

최근에 세계적으로 문제가 된 바이러스 가운데 하나는 2014년 서아프리카 지역에서 크게 유행한 에볼라 바이러스예요. 감염되면 10명 가운데 6명 정도가 사망할 정도로 무서운 질환이지요. 에볼라 바이러스에 감염되면 좀비처럼 빠르게 증상이 나타날 수 있다고 생각하는 사람들이 많아요. 실제로는 감염되어도 짧으면 이틀, 길게는 3주가 지나야 증상이 나지요.

에볼라 바이러스 감염은 우리 입장에서도 치명적인 질환이지만, 에볼라 바이러스 입장에서도 증상이 너무 심해서 숙주인 사람이 일찍 죽어 버리는 문제가 있어요. 감염된 뒤 천천히 진행되어야 다른 사람, 즉 다른 숙주에게 전파되어 자손을 퍼뜨릴 시간을 버는데, 그러지 못해 자칫 스스로 멸망할 수도 있어요. 치명적인 에볼라 바이러스가 널리 퍼지지 못하는 이유이기도 하지요. 만약 비행기 등 빠르게 이동하는 교통수단이 없었다면 에볼라 바이러스는 아프리카에만 있어서 이 세상에 잘 알려지지도 않았을 거예요. 아무튼 현재까지는 좀비를 단 몇 초 만에 만드는 무서운 바이러스는 없답니다.

tip

시체가 살아 움직인다? 좀비

살아 있는 시체를 가리키는 좀비(zombie)는 서인도 제도 아이티 섬의 민간 신앙인 부두교 의식에서 유래했다. 원래 좀비는 서아프리카 지역에서 쓰이던 말이었는데, 16세기 스페인이 서아프리카 사람들을 아메리카 대륙에 강제로 이주시키면서 아이티 지역에 전달되었다. 아이티에서 좀비는 '주술로 인해 움직이는 시체'를 의미한다. 현대에 이르러 좀비는 영화나 드라마, 소설, 게임 등 다양한 미디어에서 등장하면서 널리 알려지게 되었다. 영화에서 좀비는 주술로 움직이는 것이 아니라 바이러스 감염 등 좀 더 과학적인 이유를 원인으로 설정하고 있다.

〈우주전쟁〉의 승자는 누구일까?

〈우주전쟁〉은 외계인의 지구 침공을 그린 영화예요. 이 영화에서는 외계 생명체가 매우 발달된 기술력을 가진 것으로

나옵니다. 사람들은 현대의 갖가지 무기를 사용해 보지만, 외계 생명체의 비행선에 흠집 하나 내기 힘들 정도예요. 모두들 도망 다니다가 잡혀서 죽지요.

그런데 인간이 가진 무기로는 도저히 이길 수 없을 것 같았던 이 외계 생명체는 놀랍게도 지구에 정착하려는 순간에 저절로 죽습니다. 무기 등에서 엄청난 기술력을 확보하고 있었지만, 지구라는 환경에는 적응할 수 없었던 것이지요. 지구에 살고 있는 세균과 바이러스, 곰팡이 등 각종 미생물 때문이에요. 핵폭탄으로도 이길 수 없었던 외계 생명체가 미생물에게 무너진 거예요.

왜일까요? 항생제나 항바이러스제와 같은 치료제를 충분히 개발하지 못하여서 그랬을까요? 지구의 역사를 생각하여 보면, 인류도 오랜 기

간 이 미생물들과 부딪히면서 타협점을 찾은 것이에요. 그사이 숱한 사람이 죽어 가기도 하고, 세균이나 바이러스가 없어지기도 했어요. 그러면서 현재의 균형 상태를 유지하고 있는 셈이에요. 우리 몸의 면역력이 좋을 때에는 세균과 바이러스와 공존하다가, 우리 몸이 약해지면 질병이 생기고 이때 항생제나 항바이러스제를 써서 다시 좋아지는 과정을 반복해 온 셈이지요. 항생제나 항바이러스제가 있다고 해서 바이러스나 세균을 극복한 것은 아니에요. 우리 몸의 면역력이 약해지면 언제든 이들 미생물들의 공격에 무너지지요.

영화 〈우주전쟁〉에 나오는 엄청난 기술을 가진 외계 생명체는 사실상 지구를 점령하고 있는 미생물과 접촉해 본 적이 없었어요. 사람의 입장에서는 미생물이 눈에 보이지 않기 때문에 미개하고 덜 발달된 하등 생물이라고 치부하기 쉽지만 실제로는 그렇지 않아요. 세균이나 곰팡이, 바이러스 등과 같은 미생물이 외계 생명체는 물론 사람보다 더 먼저 지구에 자리를 잡고 있었어요. 사람도 미생물과 공존하는 방법을 배우면서 이 땅에 정착하게 된 것이라고도 할 수 있고요.

과학관에 가 보면 우주선을 타는 우주인들이 입는 우주복이 전시되어 있어요. 아주 튼튼하게 생겨 웬만한 외력에도 버틸 만하지요. 이 우주복의 중요한 기능 가운데 하나가 바로 새로운 행성 등을 찾아갈 때 그곳에 살고 있을 수 있는 세균이나 바이러스를 막는 거예요. 서아프리카 지역에 에볼라 바이러스가 유행하였을 때에도 그곳을 조사하고 바이러스에 감염된 이들을 치료하는 의료진도 꼭 우주복 같은 방호복을 입고 들어갔지요.

아무튼 영화 〈우주전쟁〉의 결말처럼 지구라는 행성에 살려면 세균

tip 지나치게 강한 면역의 부작용, 사이토카인 폭풍

과하면 부족한 것만 못하다는 말이 있다. 외부의 세균이나 바이러스에 대한 우리 몸의 면역력도 이에 해당될까? 잘 준비돼 있으면 있을수록 감염병에 걸리지 않게 만들 것 같은 면역력도 과다하게 나타나면 오히려 우리 몸을 해친다. 이를 '사이토카인 폭풍'이라 하는데, 사이토카인은 우리 몸이 분비하는 대표적인 면역 물질이다. 이 물질이 덜 분비되면 병원균으로부터 우리 몸을 지켜낼 수 없고, 너무 많이 분비되면 병원균뿐만 아니라 정상 조직까지 공격한다. 대부분의 감염병은 늙고 병든 고령자나 만성 질환을 앓고 있어 면역력이 떨어진 사람이 잘 걸리고 사망 가능성도 높다. 하지만 면역력이 좋은 젊은 사람도 이 사이토카인 폭풍으로 사망에 이르기도 하므로 젊다고 감염병을 너무 우습게 보면 안 된다.

과 바이러스 등 미생물과 끊임없이 접촉하면서 이들과 균형점을 찾는 과정이 필요해요. 우리 인류도 오랜 역사에서 이를 몸으로 배웠고 지금도 계속 배워 가는 중이고요. 물론 앞으로도 그럴 거예요. 너무 쉽게 '세균 99.9퍼센트 제거'라는 말을 쓰는 상품들이 있는데, 사실 그리 좋은 광고는 아닌 셈이지요. 물론 그렇다고 손을 씻지 말아야 한다는 얘기는 아니니까, 외출 뒤 집에 오면 손 씻기는 꼭 지키자고요.

격리에 대한 오해를 낳게 한 영화 〈감기〉

〈감기〉라는 제목 때문에 코웃음 칠 수 있겠는데, 사실 이 영화의 소재는 우리가 보통 앓는 감기가 아니에요. 감기와 같은 호흡기 질환이지만, 걸리면 대부분 사망에 이르는 치명적인 호흡기 질환이 이 영화의 소재예요. 사실 2002년 중국과 홍콩 등에서 유행하였던 사스 같은 감염병이 우리나라에서 유행하면 어떻게 될까를 보여 준 영화라고 할 수 있지요.

영화 〈감기〉에서는 가장 안타까운 장면이 감염이 된 사람이나 감염이 의심되는 사람들을 그렇지 않은 사람들과 떨어뜨려 놓는 것, 즉 격리하는 것이에요. 격리는 좋게 보면 감염병을 차단하는 좋은 방법일 수 있지만, 격리당하는 사람 입장에서 보면 참혹한 일이지요. 만약 치료제가 없고, 깨끗한 물과 음식, 편안한 주거지 등을 공급하지 않으면 일종의 감옥이라고도 할 수 있어요. 우리나라의 감염병 역사에서도 한센병에 걸린 환자들을 소록도 병원 같은 곳에 강제 이주시켜서 격리한 적이 있는데, 환자들의 인권이 심각하게 침해된 사례로 남아 있어요.

이 영화에서는 감염병에 걸렸거나 걸린 것으로 의심되는 사람들을 마구잡이로 수용 시설에 격리해요. 그러다 보니 이들은 살기 위해 거리로 뛰쳐나오게 되지요. 사실 무서운 감염병에 걸렸다는 것도 두려운데 여기에 마구잡이로 격리까지 했으니 반발감이 생기는 것은 당연한 일이에요. 결국 이들은 격리 저지선을 뚫고 나오는데, 이를 저지하는 이들은 바로 군인들이에요. 외부의 적이 우리나라에 쳐들어오면 막는 사명을 지닌 군인들이 국민들을 향해 총을 쏘는 일이 벌어진 거예요. 하지만 살려는 의지를 가진 이들은 결국 방어선을 뚫고 진격해요.

어떤 새로운 감염병이 우리 곁에 다가오면 치료제와 예방 백신을 만드는 것만큼이나 중요한 것은 바로 환자들의 인권이라는 사실을 잊지 말아야 한다는 교훈을 이 영화에서 배울 수 있어요. 감염병에 걸린 환자들이나 감염이 의심되는 이들은 피해를 받은 사람들로 인정하고 좋은 환경에서 최선의 치료를 다 받도록 해 줘야 해요.

세균과 바이러스의 생존법을 보여 준 〈월드워 Z〉

좀비 영화는 대체로 호러나 스릴러 영화로 구분되는데, 무서운 좀비를 물리치는 영웅도 나오곤 하지요. 하지만 〈월드워 Z〉는 이런 영화들과 다릅니다. 이 영화에서는 좀비가 어떻게 탄생했는지를 밝히면서 좀비를 물리치려 해요. 웃어야 할지 울어야 할지 모르겠지만, 이 영화에서는 좀비의 시작을 우리나라로 설정해요. 물론 미국 군인들이 우리나라에 만든 기지에서 세균이나 바이러스를 실험하면서 만들어졌을 가능성을 비추기도 하지만, 우리나라 사람들에게서 생겼을 가능성을 배제하지도 않지요.

안타깝게도 좀비의 원인을 밝히기 위해 미국에서 파견한 과학자가 우리나라에 도착하자마자 총기 오발 사고로 숨져요. 세균 및 바이러스 전문가가 사라지지만, 이 영화의 주인공은 놀라운 단서를 발견한답니다. 다른 이들은 좀비에게 물려서 자신도 좀비가 되

었지만 다리에 장애를 입은 사람은 좀비가 물지 않았다는 사실을 알게 된 거예요. 또 좀비를 차단하기 위해 엄청난 높이의 벽을 쌓았던 이스라엘에서도 좀비들이 피해 가는 한 소년을 발견하게 됩니다. 정체를 파악하지는 못했지만 사람들을 좀비로 만드는 그 어떤 존재도 인간을 통해 계속 번식하려 하는데, 장애가 있거나 다른 질병에 걸린 사람들은 번식에 도움이 되지 않는다고 판단한 거예요. 이 장면은 세균이든 바이러스든 그들의 종의 번식을 위해 건강한 숙주가 필요하다는 것을 보여 주지요.

결국 이미 인간이 치료제나 예방 백신을 가지고 있는 병원균을 투여하면 좀비가 이를 인식하고 물지 않게 된다는 사실을 발견해요. 이 점이 바로 이 영화가 다른 좀비 영화와 다른 점이에요. 사람들은 감염병이나 질병에 걸린 사람들을 좀비나 흡혈귀처럼 무섭게 그리면서 격리와 차별의 대상으로 생각하지만, 실제로는 세균이나 바이러스를 이길 수도 있는 존재로 표현한 것이지요. 많은 감염병은 실제 질병 자체보다는 이 감염병에 대한 사람들의 두려움 때문에 더 많은 사람들이 희생될 수 있다는 것을 보여 준다고 할 수 있어요.

세균과 바이러스를 악용하는 사람들, 〈인페르노〉와 〈창궐〉

모두들 세균이나 바이러스로 인한 질병을 두려워하고 이를 피하거나 퇴치해야 한다고 생각하지만, 그렇지 않은 이들도 있어요. 이런 질병을 이용해 많은 사람들을 죽일 수 있다고 생각하는 거지요. 실제 2차 세계대전에서는 특정 질병을 퍼뜨리는 세균이나 바이러스를 적진에 뿌리기도 했어요. 비행기와 같은 교통수단을 이용해 직접 세균과 바이러스를 뿌리기도 했고, 세균과 바이러스가 든 진드기 등 매개동물을 살포하기도 했다는 증거가 나오고 있지요.

최근에도 나쁜 목적을 위해 세균과 바이러스와 같은 병원균이나 이로 인한 질병을 이용한다는 영화가 국내외에서 쏟아져 나오고 있어요. 외국 영화 가운데 대표적인 것이 바로 〈인페르노〉예요. 이 영화는 두 가지 주요한 소재가 있는데, 미술품에 숨겨진 비밀을 푸는 것과 바이러스예요. 영화에서는 세균이나 바이러스에 약한 사람들이 많이 죽어야 지구가 더 건강해진다고 주장하는 사람이 나온답니다. 이 영화의 악당은 지구에는 너무 많은 사람들이 살고 있어서 환경을 해치고 있고, 결국 지구는 더 이상 사람들이 살기 어렵게 된다는 논리를 펴요. 사실 전 세계 인

구가 너무 급속도로 늘어나면서 이들을 먹이기 위한 식량을 생산하다 보니, 자연환경을 매우 빠른 속도로 파괴하고 있다는 이야기는 환경 단체 등에서 여러 차례 나온 바 있지요. 통계적으로 살펴봐도 틀린 이야기라고 단정할 수 없어요. 이것은 전 세계 국가들이 힘을 합쳐 공동 대응해야 하는 문제이기도 하지요. 하지만 고의로 바이러스를 퍼뜨려 무고한 사람들을 죽여서 해결할 문제는 아니에요.

〈부산행〉처럼 좀비가 나오는 우리나라 영화 〈창궐〉에서도 바이러스 질환에 걸린 좀비를 활용하는 권력자들이 나옵니다. 영화의 배경은 대략 조선 중기 병자호란이 끝난 시점으로 추정되는데, 외국에서 온 배에서 생긴 좀비가 제물포항을 통해 우리나라로 들어오고, 사람들이 좀비에게 물리면서 좀비가 크게 늘어나지요. 이 영화에서는 좀비를 우리말로 '야귀'라고 불러요. 밤에만 활동을 했기 때문이에요. 이 영화에서 권력을 가진 대신들은 야귀가 늘어나도 별다른 대책을 세우지 않아요. 야귀 때문에 민심이 흉흉해져 왕권이 흔들리면 왕을 몰아낼 수 있다고 생각한 것이지요.

tip 살상 무기로 이용되는 탄저균

하얀 가루가 들어 있는 편지 봉투가 배달이 된다면? 가루를 아예 만지지 말고 곧바로 질병관리본부 등 보건 당국에 신고를 해야 한다. 탄저균일 수 있기 때문이다. 실제로 미국의 9.11 테러 이후 종종 하얀 가루가 든 봉투가 배달되는 경우가 있었다. 탄저균을 이용한 생물학 무기라는 추정이 나왔는데, 이 하얀 가루를 무심코 만졌다가는 사망할 위험이 컸다. 탄저균은 흙속에 사는 세균으로, 피부나 호흡기를 통해 몸에 들어오면 탄저병을 일으킨다. 사람은 호흡 곤란이나 가려움증 등의 증상이 나타나며 식물은 잎이나 뿌리가 까맣게 변하면서 죽는다.

탄저병을 일으키는 것은 균 자체보다는 이 세균이 내뿜는 포자이다. 이 포자는 웬만한 햇빛이나 열에는 물론 소독제로도 파괴가 되지 않아서 탄저균이 묻은 것으로 의심되는 식물이나 옷가지 등은 아예 태워 없애 버려야 한다. 제2차 세계대전에서 탄저균과 그 포자는 생물학 무기로 사용된 것으로 추정되는데, 포자를 만진 뒤 24시간 안에 항생제를 다량 투여받지 못한다면 사망할 위험이 거의 80퍼센트에 육박한다. 만약 포자가 잔뜩 들어 있는 상자 등을 비행기로 운반해 공중에서 뿌리면 수십만 명에서 수백만 명이 사망하게 될 것이라는 예측도 있을 만큼 위험해서 국제적으로 비인도적인 무기로 지정하고 있다.

당시 대신들은 몰랐겠지만 이보다 앞선 중세 유럽은 당시 크게 유행하였던 감염병인 페스트로 몰락하기도 했으니, 영화에서처럼 야귀가 실제로 있었다면 조선 왕조가 무너질 수도 있었던 셈이에요.

〈괴물〉의 탄생 이유와 〈컨테이전〉

영화 〈괴물〉은 2000년대 중반 우리나라에서 크게 흥행한 영화예요. 괴물이 소재이다 보니 다소 무서운 영화일 것이라고 생각하지만, 사실 그렇게 무섭지는 않아요. 하지만 괴물이 사람을 먹잇감으로 삼기 때문에 살려 두기는 힘들었지요. 문제는 정부나 경찰이 이 괴물로부터 국민들을 보호해야 했지만, 실제로는 딸과 동생을 잃은 가족들이 이 괴물을 찾아내고 물리쳐요. 이렇게 국민의 안전을 담보해 주지 못하는 정부를 비판하는 내용도 들어 있어요.

영화 초반에 괴물이 탄생한 것은 미군이 버린 독극물이 원인이라는 것을 드러내지만, 우리 보건 당국은 세균이나 바이러스가 문제라고 생각해요. 그래서 괴물과 접촉한 주인공을 대상으로 세균 및 바이러스 검사를 하고, 또 다른 사람들로부터 격리를 하려 하지요. 주인공은 피해자인데도 마치 세균이나 바이러스를 퍼뜨릴 위험을 가진 사람으로 보는 거예요. 세균이나 바이러스에 감염된 이들은 인권을 존

중받기보다는 차별받아도 된다는 생각을 비판하는 거지요.

사람이 버린 독극물에서 〈괴물〉이 유래되었다면, 새로운 바이러스, 즉 신종 감염병은 사람이 자연을 파괴하면서 나타났다는 걸 보여 주는 영화도 있어요. 바로 감염병 영화의 교과서 또는 감염병의 유행에 대한 다큐멘터리라고 불리는 〈컨테이전〉이에요. 이 영화에서는 신종 감염병이 나타났을 때 이것의 원인을 밝히는 의사들과 연구자들이 어떻게 활동하는지 알려 주지요. 신종 감염병에 걸려 숨진 의료진도 나오고, 또 신종 감염병의 공포를 활용한 가짜 뉴스의 등장, 주민들의 사재기 현상도 보여 줘요. 2011년에 나온 영화지만 마치 2020년 코로나19의 유행을 예언한 것 같아요.

이 영화에서는 새로운 감염병은 인간이 자연을 개발하면서 밀림에 살던 박쥐가 사람이 키우는 돼지 농장으로 날아들면서 시작된 것으로 나와요. 자연 속에 묻혀 살던 새 바이러스를 인간이 자연을 파괴하면서 우리 곁으로 불러들였다는 설명이에요. 지구가 숨 쉬기 위해서, 또 우리가 감염병에 걸리지 않기 위해서라도 자연의 난개발은 막아야겠지요.

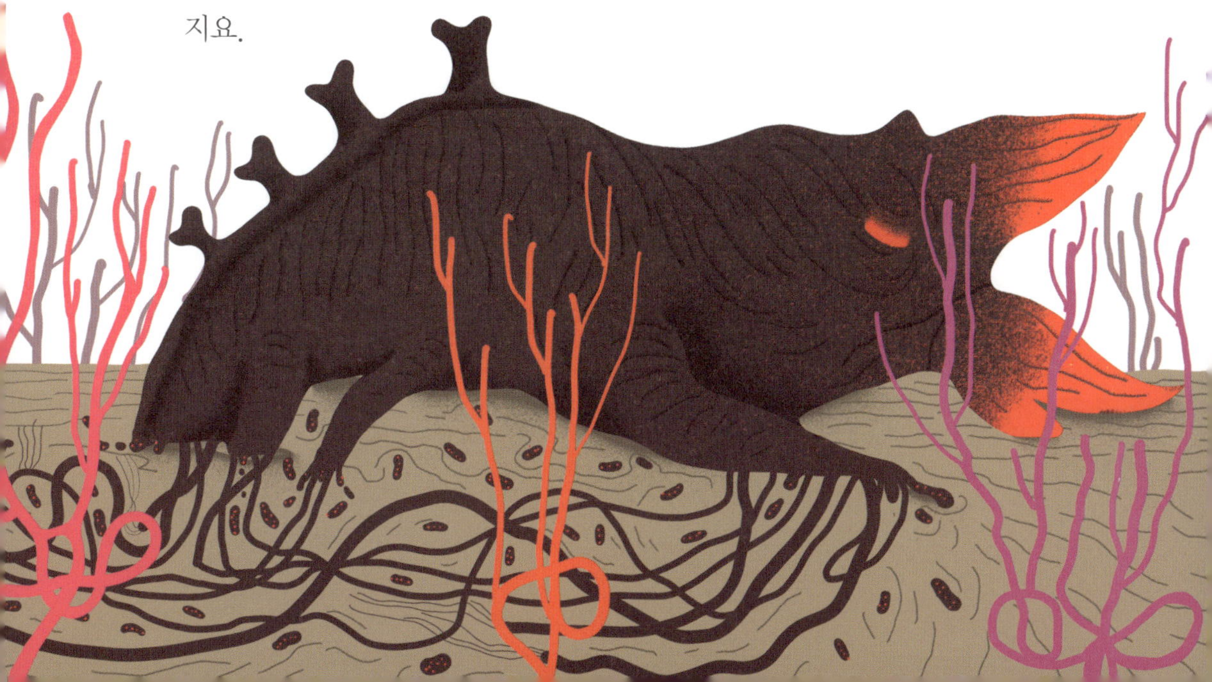

생각발전소

나이가 들어도 병에 걸리지 않고 죽지 않는다면?

늙지 않고 오래 사는 불로장생의 꿈은 인류의 역사에서 왕들을 비롯해 수많은 사람들의 바람이었어요. 중국 역사상 가장 강력한 권력을 가졌던 진시황이 불로초를 찾으려 했던 것은 잘 알려진 이야기지요. 당시 중국인들은 인도나 동남아시아, 우리나라나 일본 등으로 수십 수백 명의 사절단을 보내 불로초를 찾기 위해 다녔다고 해요. 우리나라의 경우 제주도까지 뒤져서 한라산의 고산 식물인 시로미와 영지버섯, 금강초 등을 불로초로 믿고 구해 갔다는 이야기도 남아 있을 정도랍니다.

진시황처럼 늙지 않고 죽지 않는 약을 찾기 위한 시도는 동서양을 막론하고 먼 과거에서부터 최근까지도 계속되고 있어요. 한때는 젊은이들의 피를 수혈 받으면 젊어지고 더 오래 산다는 얘기도 있어 이런 수혈이 유행을 타기도 했어요. 국내에서는 여러 세포로 발전하는 줄기세포나 면역력에 관여하는 자연살해세포 등 우리 몸에 있는 세포를 배양해 다시 주사로 주입하면 여러 질병을 치료하고 젊어진다는 말도 돌기도 했어요. 미국 영화 〈아일랜드〉에서는 질병이나 노화에 대비해 자신과 똑같은 복제 인간을 키워 놓았다가 필요한 경우 장기 등을 가져다 쓴다는 설정을 그려 놓기도 하였지요. 앞으로도 불로장생을 위한 갖가지 시도는 계속될 거예요.

사람은 보통 20대 초반이면 성장이 멈춰요. 하지만 면역기관은 10대 초반에 가장 왕성했다가 이후 점차 크기가 줄어드는 특징을 보이고, 뼈의 경우 30대 중반에 가장 단단해졌다가 이후에는 점차 약해지는 경향이 나타나요. 우리 몸의 장기마다 조금씩 성장과 노화 속도가 다르기 때문이에요. 아무튼 성장을 멈춘 뒤에는 여러 세포들이 노화되면서 점차 늙어 가고, 이후 사망에 이르게 돼요.

노화에 대해 연구하는 많은 학자들은 우리 몸의 세포에 있는 염색체, 즉 DNA의 끝부분인 '텔로미어'에 관심이 많아요. 이 텔로미어는 세포가 분열할 때마다 조금씩 짧아지는데, 다 짧아지면 결국 세포 분열이 멈추고 세포는 죽게 돼요. 세포 분열이 너무나도 왕성한 암의 경우 이 텔로미어가 짧아지지 않아 무작정 커지고, 결국 다른 조직까지 망가뜨려 사람의 생명을 잃게 한다는 사실을 발견하기도 했어요. 사람의 생명을 위협하는 암을 연구하다 보니 오히려 불로장생의 비밀을 조금씩 알게 된 것이지요. 앞으로 이런 연구는 암 등 각종 난치 질병의 치료에 도움이 될 것으로 기대하고 있어요.

혹시라도 자연의 법칙을 어기는 불로장생을 이룰 수 있는 약이 개발된다면 어떨까요? 아마도 지구에는 너무 많은 사람들이 살게 되면서 오히려 인류의 생존을 위협하는 일이 벌어지지 않을까요?

Chapter 6

감염병과 인간의 미래

항생제가 쓸모없게 된다? 항생제 내성

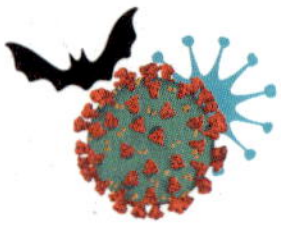

항생제를 써도 세균이 죽지 않는 상태를 가리켜 항생제에 내성이 생겼다고 해요. 항생제를 알약으로 먹거나 주사로 맞아도 효과가 없다는 뜻이지요. 곰곰이 생각해 보면 신기하지요? 세균은 사람만큼 지능이 있는 것도 아니고 새로운 기술을 배운 것도 아닌데 어떻게 항생제의 공격을 버텨 내는 내성을 가지게 되었을까요? 이 질문의 답은 바로 세균의 번식 능력과 돌연변이라고 할 수 있어요.

보통 세균 감염이 생겼다고 하면 세균의 숫자는 수천억 마리에서 수조 단위랍니다. 이처럼 세균이 많은 이유는 빠른 번식 능력 때문이에요. 그런데 빠르게 번식을 하면서 부모 세대와 똑같은 형태로 계속 숫자만 늘어나면 세균을 파괴하는 항생제가 효과를 계속 발휘할 텐데, 그렇지 않아요. 번식하면서 기존 세균과는 성질이 다소 다른 돌연변이가 생기지요. 보통 100만 마리당 한 마리 꼴로 돌연변이를 일으키는 것으로 알려져 있어요.

항생제가 들어와 부모 세대가 파괴되어도 자녀 세대 가운데 일부가 돌연변이를 일으켜 항생제를 무력화시키는 능력을 가지고 태어나는 거예

요. 게다가 항생제 공격으로 많은 세균들이 사라지다 보니, 이른바 공터가 생겨 돌연변이를 일으킨 세균들이 생존할 터가 넓어지는 유리한 점마저 생겼지요. 넓은 공간에 경쟁하면서 살아가야 할 세균 수는 별로 없으니까 돌연변이로 살아남은 세균들은 마구마구 번식을 하고요. 이 상태가 바로 항생제 내성이랍니다.

이 항생제 내성을 줄이기 위해서는 적절한 항생제 사용이 필수예요. 불필요한 곳에 항생제를 쓰지 말고, 항생제를 한번 썼다 하면 해당 세균이 모두 죽을 때까지 투약 기간을 잘 지켜야 해요. 통증이나 열과 같은 증상이 사라졌다고 해서 마음대로 항생제를 끊었다가는 오히려 내성이 있는 세균을 키울 수 있어요. 무엇보다 중요한 점은 사람을 비롯해 가축을 키울 때에도 항생제를 마구 쓰는 행태는 꼭 개선해야 한다는 거예요. 다가올 미래 세대가 감염병의 위협으로부터 한발이라도 안전하기 위해서요.

미래에는 감염병이 없어질까?

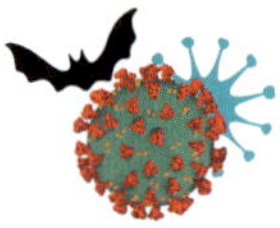

1940년대 이후 항생제가 널리 쓰이고 여러 새로운 항생제가 개발되면서 감염병은 거의 극복된 것처럼 생각하던 시절이 있었어요. 특히 한번 쓰면 여러 종류의 세균을 한꺼번에 죽일 수 있는 강력한 항생제가 개발되면서 이런 기대감이 더욱 커졌지요. 세균의 존재를 알게 되면서 병원에서 받는 여러 의료 시술은 세균이나 바이러스를 완전히 제거한 상태에서 수술하는 무균 처리 방법이 널리 퍼졌어요. 과거에는 주사기를 물에 넣고 끓여 소독하는 방식으로 여러 차례 주사기를 반복해 사용했지만, 플라스틱으로 만든 일회용 주사기를 쓰면서 주사기를 통해 감염병이 옮는 경우는 거의 찾아보기 힘들어졌어요.

치료뿐만 아니라 예방의 영역에서도 큰 발전이 있었어요. 바로 백신이 개발된 거예요. 의학의 역사에서는 항생제나 항바이러스제보다는 백신이 더 먼저 탄생했답니다. 천연두를 예방하기 위해 백신을 접종하는 종두법이 1700년대 말에 나왔으니까요. 천연두는 벌써 수십 년 전에 아예 감염병 목록에서 퇴출되기에 이르러요. 이뿐만이 아니라 홍역, 파상풍, 풍진, 결핵, 간염, 디프테리아, 인플루엔자 등 여러 감염병에 대한 예방 백신이 나와 있어요. 또 과거에는 대부분 어릴 때 맞는 예방 백신이었다면 최근에는 노인들이 맞는 백신들도 나와 있답니다. 폐렴을 예방하거나 심한 통증이 후유증으로 남는 대상포진을 예방하는 백신들이 대표적인 예예요. 폐렴으로 번질 수 있는 인플루엔자 예방 백신은 어린이부터 노인까지 다양한 나이대가 맞는 백신이기도 해요.

그럼 감염병이 다 사라졌느냐고요? 그건 아니에요. **항생제에 내성을 가지는 돌연변이 세균도 있고, 예방 백신을 피해 가는 돌연변이 바이러스도 많아요.** 예방 백신을 맞아도 해당 바이러스 가운데 돌연변이를 일으킨 종류가 활개를 친다면 여전히 감염의 위험이 남아 있어요. 이보다 더 근본적인 문제는 현재 **예방 백신으로 막을 수 있는 바이러스 종류**

tip 국가가 관리하는 감염병

감염병으로부터 국민의 생명과 건강을 지키는 것은 다른 나라의 군대로부터 우리 국민을 지키는 것과 마찬가지로 국가와 정부가 꼭 해야 할 일이다. 군대를 관할하는 정부 부처는 국방부가 있듯이 감염병은 보건복지부와 질병관리본부가 담당한다. 국내에서 유행했거나 유행할 가능성이 있는 감염병은 정부가 법으로 정해 관리하기도 하는데 '법정 감염병'이라고 부르는 질환들이다. 홍역이나 결핵, 풍진 등이 이에 속하며 예방 접종이 있으면 예방 접종을 의무적으로 받아야 한다. 예방 접종을 받으면 100퍼센트는 아니지만 해당 질환에 걸릴 위험이 크게 낮아지고 그 감염병은 유행하기 힘들다. 많은 사람들이 면역력이 생겼기 때문에 유행할 수 없는 것이다. 이런 상황이 되면 알레르기가 있거나 임신부 등 예방 접종을 받을 수 없는 사람들도 보호할 수 있다. 법정 감염병에 걸리면 이를 진단한 의사는 보건소 등 보건 당국에 해당 환자를 신고해야 한다. 환자는 일정 기간 다른 사람들과의 접촉을 막아 감염병이 전파되지 않도록 격리 치료를 받기도 한다. 예방 접종부터 치료까지 이 모든 과정에 대해 정부는 우리 국민의 안전을 위해 강제 장치를 두고 있는 셈이다.

tip

감염병을 수사하는 역학조사단

역학은 어떤 지역이나 집단 안에서 일어나는 질병의 원인이나 변동 상태를 연구하는 학문으로, 역학 조사단은 말 그대로 감염병을 조사하는 이들이다. 경찰이 수사를 통해 범인을 잡는 것처럼, 역학 조사단은 감염병 의심 환자들의 상태를 파악해 원인을 알아내고 이를 막기 위한 대책을 세운다. 우선 통증이나 열 등을 호소하는 환자가 감염병에 걸렸는지를 알아내고, 다음으로 감염병의 원인을 파악한다. 과거에는 환자의 분비물이나 혈액 등에서 세균이나 바이러스를 분리해야만 진단이 내려지는 경우도 많았지만, 요즘에는 혈액이나 분비물 안에 든 세균이나 바이러스를 '진단 키트'에 넣어서 곧바로 확인할 수 있다. 대부분의 진단 키트는 특정한 세균이나 바이러스에만 반응한다. 원인균을 알아낸 뒤에도 역학 조사단은 할 일이 많다. 이 원인균이 어떻게 전파되는지 파악하고, 특히 이 원인균에 약한 사람을 알아내는 것도 중요하다. 이를 근거로 방역 대책을 내놓는데, 예를 들면 대변으로 전파된다면 감염자의 분변을 제대로 분리하는 것이 중요하고, 호흡기 분비물로 전파된다면 기침 예절 등을 지키도록 방침을 내놓는 것이다. 역학 조사단이 질병의 원인을 빨리 파악하고 대책을 서둘러 내놓을수록 많은 국민들의 건강과 안전을 지킬 수 있다.

가 극히 일부분에 불과하다는 거예요. 대부분의 바이러스는 아직 예방 백신이 없답니다.

세균과 바이러스는 종류가 너무나 많고 개체 수도 셀 수 없이 많아요. 사람이 가지고 있는 어떤 기술로도 이를 모두 제거하는 것은 불가능한 일이지요. 물론 끊임없는 연구와 개발로 항생제와 항바이러스제, 그리고 예방 백신을 내놓고는 있지만, 세균과 바이러스의 돌연변이를 따라가기는 쉽지 않아요. 게다가 아직 사람들이 발견하지 못한 세균과 바이러스 종류도 매우 많아요. 한때 항생제와 항바이러스제, 예방 백신으로 감염병 시대는 끝났다고 생각한 것이 얼마나 오만한 것인지 알 수 있어요.

우리와 함께 살아가는 세균

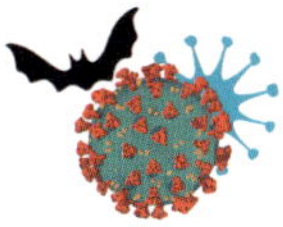

요즘에는 너무 몸무게가 많이 나가면 비만이라는 얘기를 듣지만, 과거의 우리나라에서는 배가 좀 나와야 잘산다는 얘기를 들었어요. 어른뿐만 아니라 아이도 마찬가지여서, 한때 우리나라에서는 몸무게가 많이 나가는 아기들을 뽑아 시상을 하는 우량아 선발 대회 같은 행사도 있었어요. 비만이 문제인 요즘에는 있을 수 없는 대회지만, 그 당시만 하여도 어릴 적 영양이 부족하여 몸무게가 미달인 경우가 많았거든요.

과거엔 식량이 부족하여 많은 이들이 배불리 먹지 못했는데, 이는 아이를 임신하거나 젖을 먹이는 엄마도 마찬가지였어요. 또 농사일을 하거나 공장, 회사 등에서 일하는 엄마도 요즘과는 달리 모유 수유를 하기 쉽지 않았어요. 그때 유행한 것이 바로 분유예요. 당시 분유가 아이들의 건강에 좋고 그 증거로 몸무게가 많이 나가는 우량아가 된다는 것을 널리 알리기 위한 대회가 바로 우량아 선발 대회였던 셈이에요. 결국 분유를 파는 회사가 분유를 선전하고자 만든 대회라고 할 수 있지요.

그런데 지금은 이런 대회가 없어요. 왜냐하면 엄마 젖이 분유보다 좋다는 증거가 훨씬 많거든요. 엄마 젖을 먹은 아이가 아토피나 알레르기 질환에 덜 걸리고, 엄마 역시 아이와의 유대감이 깊어져 정서적인 안정감이 커진다는 사실이 발견되었어요. 또 젖을 먹이는 아기 엄마의 경우 임신 때 크게 늘어난 몸무게를 줄이는 데에도 효과적이었지요.

엄마 젖이 좋은 이유는 아기에게 가장 알맞은 영양분이 들어 있기 때문이에요. 우유, 즉 소의 젖이나 산양 등 다른 동물의 젖보다는 사람의 젖이 아이에게도 가장 적합한 거예요. 최근에는 엄마 젖이 아이 건강에 이롭다는 사실이 과학적으로 밝혀지고 있는데, 엄마 젖의 강점은 세균과 관련이 있어요. 젖에는 우리가 밥으로 먹는 탄수화물 성분인 여러 당분이 들어 있는데, 젖당이나 올리고당이 많이 있어요. 물론 에너지 열량이 높은 지방이나 몸의 주요 구성 성분이 되는 단백질 등도 풍부하지요.

중요한 사실 중 하나는 젖에는 매우 여러 가지의 올리고당이 있다는 거예요. 막 태어나 돌이 지나기 전까지의 어린아이는 젖에 들어 있는 올리고당을 분해해서 흡수시킬 수 있는 능력이 없어요. 올리고당을 소화시킬 수 있는 효소가 아직 나오지 않거든요. 쉽게 말하면 먹어도 우리 몸으로 흡수는 되지 않고, 대변으로 그냥 빠져나갈 수밖에 없는 상황인 거예요. 아이들이 흡수도 못 하는 올리고당이 왜 젖에 들어 있을까요? 의학자들이 연구해 보니 이 올리고당은 아이들의 대장에 살고 있는 세균을 위한 영양분이었어요. 그 세균이 바로 비피더스균이랍니다. 건강에 좋다고 부모님이 자주 먹거나 마시라고 하는 유산균 음료에 많이 들어 있는 균이지요. 이 균이 대장에서 살기 위해 필요한 영양분이 바로 올리고당이었던 셈이에요.

비피더스균이 올리고당을 섭취하고 소화시키면 지방산을 배출해요. 이 지방산이 많이 모이면 지방이 된다고 생각하면 되는데, 아이의 장은 아직 올리고당을 분해하여 흡수할 능력은 없지만 이 지방산은 흡수할 수 있어요. 즉 올리고당을 영양분으로 사용하는 비피더스균 덕분에 아이는 지방산을 얻을 수 있어요. 이른바 '공생' 또는 '공존'을 할 수가 있는 거예요.

이 비피더스균과의 공생은 이것뿐만이 아니에요. 올리고당을 흡수한 이 세균이 내보내는 물질이 또 있는데, 바로 염증을 막는 항염증 물질과 아기의 장을 튼튼하게 하는 단백질이지요. 이 덕분에 아기는 몸에 해로운 질병을 일으킬 수 있는 다른 세균이나 바이러스의 침투를 막을 수 있게 된답니다.

엄마 젖 자체도 아이의 생존과 성장에 꼭 필요한 영양분이 가득하지만, 이 영양분이 진정 효과를 내려면 세균이 함께 있어야 해요. 많은 엄마들이 아기들에게 젖을 먹이기 힘든 환경은 꼭 개선해야겠지요. 어떤 아이라도 건강하게 자랄 수 있게 말이에요.

감염병 예방의 첫걸음, 손 씻기

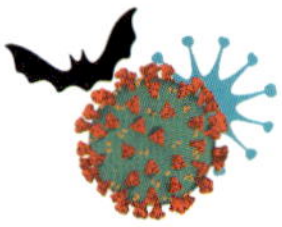

밖에 나갔다 집으로 들어오면 손을 깨끗이 씻으라고 해요. 예전에는 단순히 손에 더러운 것이 많이 묻었기 때문에 손 씻기가 필요하다고 생각했지만, 최근에는 이보다 더 중요한 손 씻기의 효과가 밝혀졌어요. 바로 감염병 예방이에요. 특히 유행성 독감으로 부르기도 하는 인플루엔자가 크게 유행하던 2009년에는 사람들이 손을 매우 잘 씻어 인플루엔자뿐만 아니라 다른 감염병도 많이 예방한 것으로 나타나기도 했지요.

지난 2015년, 흔히 메르스로 불리는 중동호흡기증후군이 크게 유행할 때에도 손 씻기의 중요성은 널리 알려졌고, 2020년 코로나19의 대유행 때도 마찬가지예요. 손에 묻은 오물을 씻어 낸다는 생각에서 이제는 손에 묻은 세균이나 바이러스를 씻어 낸다는 생각을 하게 된 거예요. 바이러스나 세균은 지하철이나 버스 손잡이에, 친구나 우리들의 손에 묻어 있다가 손으로 입이나 코를 만질 때 우리 몸 안으로 들어와 감염을 일으킬 수 있어요. 그러니까 우리 자신은 물론 가족을 위해 밖에 나갔다가 돌아오면 반드시 손을 씻는 것이 필요하답니다.

요령은 간단해요. 수돗물을 틀어 놓고 흐르는 물에 손을 씻은 다음, 비누칠을 해서 손가락, 손바닥, 손등, 손가락 사이를 잘 씻어 내면 돼요. 이렇게만 해도 우리 손에 묻은 세균이나 바이러스가 거의 다 떨어져 나가기 때문에 자신과 가족들의 건강을 지킬 수 있지요.

손을 씻을 때 강력한 소독 작용이 있는 세정제를 쓰면 좋다고 생각하는 사람들도 많아요. 100퍼센트 또는 99.9퍼센트 살균과 같은 광고에 눈이 가기도 하지요. 사실 '100퍼센트 살균'은 가능하지도 않지만, 실제 좋은 것도 아니에요. 왜냐하면 우리 몸에는 '정상세균총'이라 부르는 세균들이 많이 살고 있거든요. 우리 몸과 균형을 이루면서 살고 있는 세균을 정상세균총이라고 해요.

예를 들어 소화기관의 끝부분인 대장에는 수많은 대장균들이 살고 있지만, 예외적인 경우를 제외하고는 질병을 일으키지는 않아요. 유산균 음료에는 균이 많이 들어 있다고 광고까지 하는 것처럼, 우리 몸에 해를 주지 않는 세균들이 많이 살고 있지요. 이런 세균들은 우리 몸과 균형을 맞추고 살고 있거든요. 이들 세균 수가 많아져 우리 몸의 건강을 위협한다면 면역을 담당하는 백혈구 등이 이들을 물리쳐서 다시 균형을 맞추지요. 예외적인 경우는 과도한 피로가 쌓이거나 스트레스를 많이 받았을 때 그리고 면역계 기능을 크게 떨어뜨릴 수 있는 질환을 앓고 있는 때 등 우리 몸의 면역계가 제대로 작동되지 않을 때랍니다. 피로가 쌓이면 감기에 걸리는 등 감염병이 생기는 것은 우리 몸의 면역력이 약해지면서 우리 몸에 있었거나 외부에 있다가 들어온 세균이나 바이러스가 번식해서 나타나는 것이지요.

기침 예절로 감염병 예방하기

메르스가 크게 유행하던 2015년에 우리나라에서 그동안 잘 지켜지지 않았던 감염병 예방 습관 가운데 세 가지 정도가 크게 달라졌다. 바로 손 씻기와 기침 예절, 병원 면회 제한이다. 그중에서 기침 예절은 많은 호흡기 감염병이 기침을 통해 널리 전파되기 때문에 예방에 매우 중요하다. 기침을 하면 침방울이 널리 퍼져 심한 경우 7~8미터까지 날아간다고 한다. 만약 호흡기 감염병에 걸린 사람이 비행기나 버스 등 대중교통 수단에서 기침을 한다면 침방울에 들어 있는 바이러스나 세균이 널리 퍼져 수많은 사람들이 이 감염병에 걸릴 수 있다. 이 때문에 기침을 할 때 손이 아니라 손수건이나 휴지로 막고 만약 아무것도 없다면 옷의 소매 부분이나 팔꿈치 안쪽에 대고 기침을 하도록 보건당국은 권고하고 있다. 손으로 기침을 막고 난 뒤 손을 씻지 않으면 감염병을 전파시킬 위험이 더욱 커지기 때문이다. 옷소매나 팔꿈치에 기침을 하기 위해서는 평소 이를 습관으로 만드는 것이 좋다.

강력한 살균제나 세균을 죽이는 항생제를 쓰면 세균도 죽이지만 우리 몸과 균형을 이루고 있는 정상세균총도 죽이게 됩니다. 피부나 대장에 아무 세균도 살지 않으면 좋은 것 아니냐고 생각할 수 있는데, 실제로는 여기에 나쁜 세균이나 바이러스가 침투할 수 있는 통로를 열어 줄 수도 있어요. 아무 세균도 살지 않는 곳이니 나쁜 세균도 편하게 증식할 수 있는 거지요. 정상세균총이 이미 우리 몸에 자리를 잡고 있을 때에는 외부의 세균이나 바이러스가 이들 정상세균총을 물리쳐야 우리 몸에 들어올 수 있거든요. 정상세균총과 균형을 이뤄서 잘 지낸다면 우리 몸과 건강을 해치는 나쁜 세균과 바이러스가 침투하는 것을 막을 수 있다는 얘기지요.

혹시 가습기 살균제 사태에 대해 들어 본 적 있나요? 세균을 죽이기 위해 가습기에 소독약을 넣었는데, 이 소독약 성분이 우리 몸에서 호흡을 담당하는 폐에 들어가 치료가 매우 힘든 난치병을 일으킨 거지요. 겨울철에 건조하니 습도를 높이기 위해 가습기를 사용하고, 이 가습기를 깨끗이 하기 위해 가습기 살균제를 썼는데 이것이 오히려 건강과 생명을 위협한 셈이에요. 소독약이나 항생제는 잘 쓰면 좋지만 그 자체로도 위험한 약이기도 하지요. 그래서 이런 약들을 과신하면 오히려 건강을 해칠 수 있어요.

누구나 할 수 있는 손쉬운 방법으로 세균과 바이러스가 우리 몸의 건강을 해치는 것을 막을 수 있어요. 밖에 나갔다 돌아온 뒤에는 흐르는 물에 손 씻기만으로 가능하답니다.

깨끗한 환경이 오히려 해로운 감염병, A형 간염

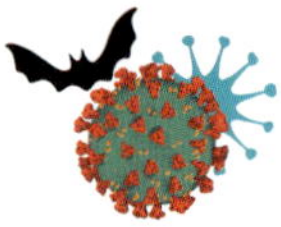

간염은 '우리 몸의 화학 공장'이라 부르는 간에 생긴 염증을 말해요. 간은 섭취한 영양분을 보관하기도 하고, 필요한 에너지를 생산하기도 하기 때문에 우리 몸의 화학 공장이라고 불려요. 간에 염증이 생기는 이유는 여러 가지가 있지만 가장 흔한 것이 바이러스 감염에 의한 간염이고, 다음으로 술을 많이 마셔 생기는 간염이 있지요. 바이러스성 간염은 그 종류가 매우 많아요. 바이러스 종류에 따라 간염 이름을 붙였거든요. 알파벳 순서대로 이름을 붙였는데, 처음 나온 것이 A형 간염, 이후 B, C, D 이런 식으로 이름이 붙었답니다.

우리나라에서 가장 유명한 간염은 A형은 아니라 B형이에요. B형 간염은 과거 우리나라에서는 토착병이었어요. 워낙 많은 사람들이 걸려 있었고, 이 간염에 걸린 엄마에게서 태어난 아이들은 태어나자마자 감염되기도 했지요. 우리나라에 간과 관련된 속담이 많은데, '간이 배 밖으로 나왔다.'거나 '간이 콩알만 해졌다.'와 같은 표현이 대표적이지요. 간의 중요성을 잘 알고, 간과 관련된 질환이 많다 보니 생겨난 속담일 거예요.

과거에는 유럽이나 미국 등 서양인들에게 많은 것으로 알려진 C형 간염이 최근 국내에서도 많아지고 있어요. 바이러스에 오염된 혈액으로 전파되는데, 수혈을 받으면서 옮길 수 있고 일회용 주사기를 여러 사람이 사용할 때 전파되곤 하지요. B형이나 C형 모두 간염이 심해지면 사망에 이를 수 있는 데다가, 만성으로 계속 앓을 경우 간경화나 간암 등 치명적인 질환으로 진행될 수 있다는 점에서 매우 위험한 질환이에요.

B형이나 C형보다 더 최근에 관심을 받고 있는 간염이 있어요. 바로 A형 간염이에요. A형 간염은 B형이나 C형에 견줘 간암이나 간경화가 나타날 위험이 거의 없었고, 위생이 좋지 않았던 과거에는 어릴 때 거의 누구나 다 걸리면서 감기처럼 지나갔기에 그다지 관심을 받지 못했어요. 예전에는 사람의 대변을 농작물의 거름으로 만들어 사용했기 때문에, 수세식 화장실보다는 재래식으로 대변을 모아 놓는 방식의 화장실을 썼답니다. 대변을 거름으로 만들고 농작물에 거름을 주는 과정에서 대변에 있는 여러 세균이나 바이러스, 기생충 등에 노출될 기회가 많았어요. 기생충 질환이 많았던 이유이기도 한데, 바로 A형 간염도 이런 과정에서 잘 걸렸던 것이지요. 직접 대변을 만지지 않더라도, 주변의 흙을 만지다가 감염되기도 하고요.

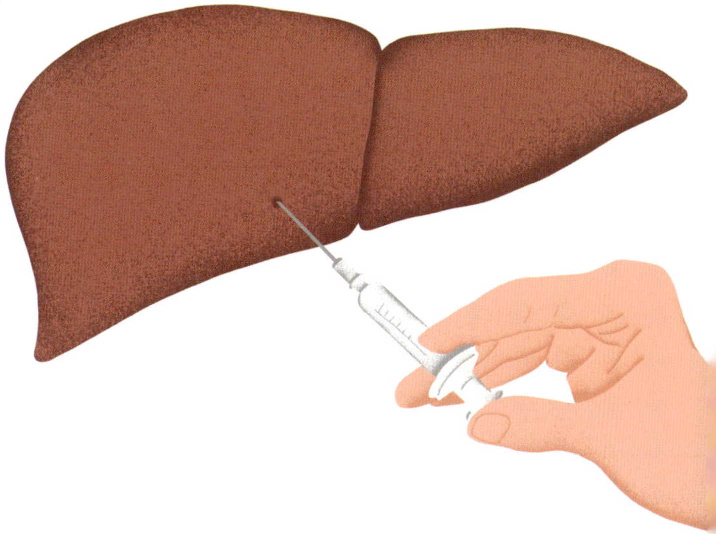

그런데 A형 간염은 10대 이하의 아이들이 감염되면 감기처럼 앓고 지나간다는 특징이 있어요. 아이들이 흙에서 놀다가 감염돼 열이 좀 나거나 설사를 하고 두통이 생기기도 했지만 감기인 것으로 알고 지나간 것이지요. 문제는 20대 이상이 A형 간염에 걸리면 증상이 매우 심하게 나타나는 경우가 드물지 않게 있어요. 심지어 간 전체에 염증이 퍼져 사망하는 사례도 있어요. 위생이 철저하게 지켜지다 보니 역설적으로 심한 A형 간염에 걸리는 문제가 생긴 거지요. 그렇다고 일부러 어릴 때 지저분한 곳에서 살 수는 없잖아요? 다행히 A형 간염에 대한 예방 접종이 있고, 이제는 간 질환 위험성이 큰 사람들은 꼭 챙겨야 할 예방 접종이 됐어요.

환경 파괴는 새로운 감염병을 부른다

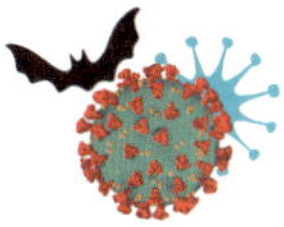

브라질의 아마존강 유역과 같이 사람들의 손길이 거의 닿지 않는 환경을 파괴하면 무슨 일이 생길까요? 아마존강 유역은 수많은 나무 등 식물이 매우 많이 살고 있고 밀림이 울창해서 '지구의 허파'라고 부르기도 한답니다. 즉 이 식물들이 이산화탄소를 흡수하고 산소를 공급해 주기 때문에 사람들이 충분한 산소를 공급받고 있다는 뜻이지요. 이런 밀림을 파괴해서 도시를 건설하면 사람들은 흔히 산소 공급을 제대로 받지 못할 것을 먼저 걱정해요. 자연 파괴로 인한 대기 오염으로 인간의 생명이 위협받는다는 거예요. 물론 틀린 이야기는 아니에요.

그런데 아마존강 유역과 같은 곳을 파괴할 때 나타나는 피해는 이뿐만이 아닙니다. 더 큰 문제는 밀림을 개발하면서 우리 인간들이 전혀 접촉해 본 적이 없는 세균이나 바이러스, 곰팡이, 기생충 등과 만날 수 있다는 것이지요.

사람의 손길이 닿지 않으면 흔히 미개발된 곳으로 여기기 쉬워요. 그런데 이는 어디까지나 사람들의 입장에서 본 거예요. 일부 사람들이 아프리카나 동남아시아 일부 국가를 미개하다고 부르는 것도 다른 사회와 문화를 인정하지 못하는 관점에서 온 거예요. 하지만 이런 밀림이나 서양의 문물과는 다른 문화를 가진 사회 역시 이미 질서를 갖추고 있답니다. 사람의 손길이 닿지 않은 밀림은 수많은 동물들과 식물들, 그리고 세균이나 바이러스 등의 미생물들이 균형을 맞춰 유지되고 있다는 뜻이에요. 바이러스가 많이 번식하면 바이러스의 숙주가 많이 죽어서 균형이 깨져 버려요. 그럼 그 바이러스와 숙주가 함께 사라지고, 그 자리를 다른 동물과 바이러스가 채우는 일이 계속 반복해서 나타나는 것이지요.

그런데 밀림을 개발하려는 사람들이 이 바이러스와 세균을 만나면 어떻게 될까요? 우리의 면역 체계는 처음 만나는 세균이나 바이러스가 들어오면 어떻게 막아야 할지 학습되어 있지 않아요. 예방 접종의 원리도 죽을 단계에 이르렀거나 이미 죽은 세균이나 바이러스를 주사로 찔러 넣어 우리 몸의 면역 체계가 이들을 물리치는 방법을 학습하게 하는 거예요.

전혀 만나 본 적이 없는 바이러스나 세균을 만나면 우리 몸의 면역 체계는 당황하게 되고, 이들의 공격을 막아 내기 쉽지 않아요. 우리가 원주민이라고 부르는 이들은 밀림에 살면서 종종 이 바이러스를 만나 봤기 때문에 감염되지 않는 경우가 많지만, 밀림을 개발하거나 처음 여행하는 이들은 상황이 다르지요.

밀림에 사람들이 직접 들어갈 때 새로운 감염병에 걸리는 것도 문제지만, 밀림을 개발하면서 그곳에 살고 있던 동물이나 식물들이 다른 곳으로 이동하는 것도 문제예요. 그동안 잘 몰랐던 동물들이 잘 모르는 바이러스나 세균을 가진 채 사람들이 많이 사는 곳으로 이동하면 새로운 감염병을 전파시킬 수 있어요. 밀림과 같은 환경을 파괴하는 데 전혀 관련이 없어도, 새로운 감염병에 걸리는 억울한 상황이 생길 수 있지요. 게다가 요즘에는 비행기 이동이 많아져서, 남아메리카 국가들과 전혀 교류가 없는 사

만병통치약으로 잘못 알려진 항생제 마이신

페니실린을 발견한 뒤로 인류는 항생제를 계속 개발했는데 결핵 치료제인 스트렙토마이신이 나온 이후 이름에 '마이신'이 들어가는 항생제가 줄줄이 나왔고, 그때부터 '마이신'이라는 말이 유행하기 시작했다. 우리나라에도 이 약이 들어왔는데 결핵뿐만 아니라 여러 감염병 치료에 이용되었다. 페니실린이나 마이신이 막 나왔을 때는 뛰어난 세균 퇴치 효과 때문에 만병통치약이라고 생각될 정도였다. 세균의 입장에서는 자신들을 공격하는 치료제를 처음 만났기 때문에 항생제의 효과가 매우 좋았던 것이다. 지금은 이 마이신을 비롯하여 항생제가 예전만큼 효과를 발휘하지 못한다. 항생제에 내성이 생긴 것이다. 사람이 신약을 개발하면 세균도 이 새로운 약을 피해 가는 방법을 또 학습한다. 그래서 요즘 항생제는 3세대 또는 4세대 항생제라는 말을 쓰는데, 그만큼 새로운 약을 계속 개발하는 중이다.

tip

아이들은 왜 많은 감염병에 시달릴까?

예방 접종은 대부분 노약자나 영유아, 아동 등 면역력이 약한 사람들에게 한다. 면역력도 나이가 들면서 또 감염병에 대한 경험이 쌓이면서 커지기 때문에 아이들은 어른에 비해 면역력이 약하다. 갓난아이들은 엄마로부터 감염병을 일으키는 세균이나 바이러스에 대항할 수 있는 면역력을 갖추고 태어나는데 약 6개월 동안 효과가 유지된다. 그 이후부터는 자체의 면역력으로 세균이나 바이러스 등 감염병을 일으키는 병원균과 싸워야 한다. 그런데 아직 면역력이 미숙하기 때문에 어른이나 보통 건강한 사람이 걸리면 가볍게 앓고 지나가는 질환도 중증으로 발전할 수 있다. 예를 들어 결핵의 경우 어린아이들이 걸리면 폐 전체에 염증이 퍼져 사망에 이를 수 있다. 이 때문에 영유아일 때 여러 예방 접종을 받는다. 게다가 아이들은 어린이집이나 유치원, 학교 등에서 단체 생활을 하면서 다른 아이들과 접촉도 매우 잦다. 감염병을 막기 위해서는 단체 생활을 하는 시간이 긴 영유아와 초등학생들이 감염병에 걸리지 않도록 집중 관리할 필요가 있다.

람들도 이런 감염병에 걸릴 수 있답니다. 마구 개발하는 것이 얼마나 위험한 일인지 좀 감이 오나요? 결국 **자연환경을 잘 보존하는 것이 새로운 감염병을 막고 우리 인간을 보호하는 방법**이랍니다.

생각발전소

유전자 조작은 미래의 질병 치료법이 될까?

감염병은 결국 '인간이 세균, 바이러스, 곰팡이, 기생충 등 병원체와 어떻게 함께 살아갈 것인가?'라는 문제를 푸는 것이라고 볼 수 있어요. 먼 과거에는 병원체의 존재 자체를 몰랐다가, 지난 수십 년 동안은 항생제나 구충제, 항바이러스제 등으로 100퍼센트 제거하려 했지요. 이제는 예방 접종과 같은 적극적인 예방부터 손 씻기 등 위생 습관, 새로운 항생제 및 항바이러스제의 개발, 병원균 노출 예방 등으로 병원체로부터 피해를 줄이기 위한 의료 활동을 하고 있어요. 대장균이 우리 몸의 대장에 살면서도 거의 아무런 문제를 일으키지 않는 것처럼 다른 병원균과의 관계도 이와 같이 만드는 것이 목적이랍니다. 과거보다는 자연을 거스르지 않는 자연친화적인 방법을 찾아가는 것이라고 평가해도 돼요.

자연친화적이라면 자연을 거스르는 치료법도 있다는 뜻이겠죠? 최근 의료 산업에서 전망이 매우 밝은 것으로 여겨지는 유전자 조작 치료법이 대표적인 예입니다. 유전자 조작 하면 흔히들 식량 생산을 떠올려요. 유전자 조작 옥수수나 콩을 우리 주변에서 쉽게 찾아 볼 수 있지요. 이 유전자 조작을 통해 식량을 대량으로 생산하고자 하는 시도 가운데 하나는 땅속의 뿌리에는 감자가, 줄기에는 토마토가 열리는 식물이었어요. 아이디어 자체로는 매우 인기가 높았고 이후 실제 개발이 되었는데, 그다지 실효성이 없었어요. 토마토와 감자가 한꺼번에 열리기는 했지만 이 식물을 개발하고 키우는 비용이 너무 비싸서 감자와 토마토를 따로 심는 것보다 비용이 훨씬 더 들었거든요.

최근 의학 분야에서 활발히 연구되는 유전자 조작은 유전자의 결함이나 변이로 나타나는 유전 질환의 치료를 위한 연구입니다. 지금까지 많은 연구 끝에 여러 질병과 관련된 유전자를 찾아냈어요. 문제가 되는 유전자 가운데에는 태어날 때부터 가지고 있는 변이나 결함도 있고, 태어난 뒤 오랜 세월을 지내면서 변형된 것들도 있지요.

유전자 조작은 사람의 치료에 쓰일 때에는 유전자 가위로 잘라 낸다는 표현을 쓰는데, 아이디어는 매우 훌륭해요. 유방암이나 치매에 걸릴 유전자를 미리 찾아내고, 태아 시절 해당 유전자 변이가 만들어지는 것을 알아낸다면 유전자 가위로 이 유전자를 잘라 내는 것이지요. 특정 질병에 대한 유전자 변이를 완벽하게 알아내고, 그 유전자만 잘라 낼 수 있다면 유전으로 인한 많은 질환들을 근본적으로 치료할 수 있을 테니까요.

문제는 질환에 관계된 것으로 파악했던 특정 유전자가 오직 그 기능만 하느냐는 거예요. 만약 그 유전자가 다른 기능에도 관여하는데, 이를 제거해 버리면 다른 기능에 문제가 생기니까요. 유전자의 기능을 완벽하게 파악하는 미래에는 치료 기술로 도움이 될지 모르지만, 현재처럼 유전자 기능을 100퍼센트 파악하지 못한 상태에서는 어떤 부작용이 생길지 몰라요.

또 다른 문제도 있어요. 유전자 기능을 100퍼센트 파악했다고 하더라도, 해당 질병 유전자가 꼭 질병을 일으킨다는 보장이 없어요. 치매나 유방암 유전자를 가지고 있더라도, 해당 질병에 걸릴 위험은 걸리지 않을 확률보다 크게 낮아요. 치매나 유방암 등 질병에 걸리지 않도록 생활습관을 잘 유지하는 것이 훨씬 비용이 덜 들기도 하고 안전할 수 있다는 말이지요. 토마토와 감자가 한꺼번에 열리기는 했지만, 각각 열리는 식물을 재배했을 때 더 경제적인 것과 마찬가지 현상이 나타날 수 있어요. 그렇기 때문에 유전자에 대해 더 많이 연구하고, 유전자 조작 치료가 부작용보다 효과가 더 크도록 연구가 필요하답니다.